［翻訳］
スウェーデン手続諸法集成

集団訴訟法・仲裁法・行政訴訟法・法律扶助法等

萩原金美 訳

中央大学出版部

序

　本書はスウェーデンの手続法規のうち訴訟手続法（民事・刑事訴訟法）以外の主要な法律の訳文に，その理解に資すると思われる若干の注記を加えて一本にまとめたものである。ただし，執行・倒産法関係の法規は含んでいない（その基本的法規としては強制執行法（utsökningslagen）および破産法（konkurslagen）がある）。

　初出一覧に示すとおり，おおむね『神奈川法学』および『判例タイムズ』に発表したままのものである。当初は初出訳稿の内容を解体して体系的に分類することも考えたのだが，法律によってはそうできないので（例えば過料法や送達法），結局この方式は採用しなかった。もっとも，初出時にある程度まで上記のような分類を意識して訳稿をまとめたつもりである（とくに行政手続・行政訴訟関係や法律扶助関係の法律については）。

　その後における法改正もできるだけフォローすべきであるが，全面的にそうすることは私の健康上の理由などから断念せざるを得なかった。具体的にいうと，第 1 ないし第 4 および第 6 については *Sveriges Rikes Lag 2010* を法文のテキストとして用いたものの，本書の重要部分を成す第 5 についてはそれができず，2009 年版に拠ったままである。後者の場合には，法律の標題下に 2010 年版収録などの改正法律の番号のみを表示することにした。読者のご寛恕を乞いたい。誤記・誤植や不適切な訳文は気付いた限りで訂正した。また，現時点ではふさわしくない序文的記述については適宜省略したり補記を加えたりした。

　訳出の基本的方針は拙訳『［翻訳］スウェーデン訴訟手続法―民事訴訟法・刑事訴訟法―』（2009，中央大学出版部）と同一である。もっとも，それを知るため読者各位に同書の凡例を参照していただく労を要求すべきではあるまいから，同書の凡例を掲出する（1 など本書に関係ない部分は省略）。

　行政訴訟・行政手続関係の法規に関する理解の一助になろうかと考えて，附録としてスウェーデンの国会オンブズマンに関する拙稿 2 篇を添えた。スウェーデンの法制度，法文化の一面をめぐる雑文としてもお読みいただけるかと思

う。なお，若干の用語については拙編著『スウェーデン法律用語辞典』（2007，中央大学出版部）の記述を修正ないし補充しているので，その一覧表を附録の最後として掲げた。

ところで，実は校正中に外山滋比古博士の「エディターシップ」という思考刺激的な論考（同『ものの見方―思考の実技』（2010，PHP 研究所）所収―初出は 1971）を読んで明確に意識させられたことなのだが，とりわけこの『スウェーデン手続諸法集成』という名の著作では，法律の選択その他について訳者自身の編集的センス・機能が大切だったように思う。結果的な当否の判断は読者に委ねるほかないけれど，訳者としてはこの面でもいささか努力したつもりである。

本書が成るにあたっては，『［翻訳］スウェーデン訴訟手続法』の場合と同様に元編集者で語学の達人の畏友横井忠夫氏からひとかたならぬご助力をいただいた。また，集団訴訟法の訳文についてはスウェーデンの法律家資格を有するソフィーア・裕美・バン（鶴舞裕美）氏（現在はスウェーデン国籍）から有益なご指摘を得た。記して心からの謝意を表する。

本書は文字どおりの小著であるが，拙編著『スウェーデン法律用語辞典』（2007，中央大学出版部）および前掲『［翻訳］スウェーデン訴訟手続法―民事訴訟法・刑事訴訟法―』に続く私の晩年におけるいわばスウェーデン法三部作の最後の著作を成すものである。老耄の身ながら蝸牛の歩みを進めてようやく本書の完成にまで至りえた。「命なりけり小夜の中山」といった感慨に捉えられる。つくづくわが身の幸せに感謝せざるを得ない。

最後になったが，本書の刊行については中央大学出版部の大澤雅範氏のお世話になった。記して謝意を表する。

2010 年 12 月上旬　横浜の茅屋にて

萩原　金美

目　　次

序 …………………………………………………………………………… i

凡例 ………………………………………………………………………… v

第 1　集団訴訟法 ………………………………………………………… 1
集団訴訟手続に関する法律（2002：599）………………………………4
環境法における集団訴訟に関する規定 ………………………………22

第 2　過料法および裁判所案件法 ………………………………………25
過料に関する法律（1985：206）………………………………………25
裁判所案件に関する法律（1996：242）………………………………30

第 3　送達法 ………………………………………………………………47
送達法（1970：428）……………………………………………………48

第 4　仲裁法 ………………………………………………………………65
仲裁手続に関する法律（1999：116）…………………………………68

第 5　行政訴訟・行政手続関係諸法 ……………………………………95
一般行政裁判所に関する法律（1971：289）…………………………97
行政訴訟法（1971：291）…………………………………………… 116
若干の政府の決定の司法審査に関する法律（2006：304）………… 141
行政〔手続〕法（1986：223）……………………………………… 142
公的補佐人に関する法律（1996：1620）…………………………… 160
租税等に関する案件および訴訟における費用の補償に関する法律（1989：479）
　……………………………………………………………………… 163

第 6　法律扶助関係諸法 ……………………………………… 169
　法律扶助法（1996：1619）…………………………………… 170
　婚姻法における財産分割の際の援助に関する規定（婚姻法第 17 章第 7 条 a）
　　……………………………………………………………… 197
　被害者補佐人に関する法律（1988：609）………………… 198
　子どものための特別法定代理人に関する法律（1999：997）………… 202
　若干の決定に対し上訴する法務監察長官の権利に関する法律（2005：73）
　　……………………………………………………………… 208

附　録 ……………………………………………………………… 211
　1．オンブズマン随想—ある前史の回想— ………………… 211
　2．スウェーデンの国会オンブズマン—首席国会オンブズマン
　　クラエス・エークルンド氏との対話など— ……………… 213
　3．拙編著『スウェーデン法律用語辞典』（2007，中央大学出版部）
　　における記述の修正・補充について …………………… 226
　初出一覧 ……………………………………………………… 227
　跋 ……………………………………………………………… 229

凡　　例

（拙訳『［翻訳］スウェーデン訴訟手続法―民事訴訟法・刑事訴訟法―』*, **
vii－ix 頁）

　　*8 は本書に関係ある部分のみを原文から抽出して整理したものである。
　　**12 には本書にふさわしくない表現も多少あるが，そのまま再掲する。

1　〔略〕
2　　日本語として理解可能な限り，多少不自然でも原文になるべく忠実な訳を心掛けた（わが国における法令用語の使い方の重要原則はほぼ遵守するようにしたつもりだが）。したがって，一文は一文とし，句読点や引用符も原文のそれを用いた。

　　主要な例外は柱書きで，「以下各号」という言葉は原文にないが，理解の便宜上補った。柱書きの文末および各号の文末の句読点は不統一であるが，原文のままである（句読点のない場合も含めて）。ただし柱書きの文末にはダッシュを付けた。他の句読点との併用は違和感を与えるであろうが，柱書きにダッシュを付けることの統一性を優先した。

　　（このような私見の根底には，翻訳はその性質上不可避的に原文の一種の解釈であるけれど，法文については翻訳者自身の解釈はできる限り禁欲すべきだという思いがある。）

3　　「調査（utredning）」，「審査（prövning）」，「取扱い（handläggning）」は，日本語ではほぼ「審理」（utredning の場合は捜査にも）に相当するが，あえてそう訳さなかった。スウェーデン法においては訴訟法と行政手続法とが基本的類似性を有し，同一の用語が両者で用いられていることにかんがみ，訳語の統一を図ったためである（ハンス・ラーグネマルム，拙訳『スウェーデン行政手続・訴訟法概説』(1995，信山社）参照）。

4　　「事件」は mål, talan を文脈に応じて訳し分けた。本来の意味は mål ＝ 訴訟，talan ＝ 訴え（もっとも talan は法文上多義的）である。

5 　その他，訳語については，拙編著『スウェーデン法律用語辞典』（2007，中央大学出版部）のそれと基本的に同一である。
6 　原文では三人称に「彼（han）」と「彼または彼女（han eller hon）」（およびその格変化形）が混在しているが，後者は最近の改正法文の用語である。スウェーデンの法文は改正の際に立法当初の用語・表現との統一を図ることをしていない。（これらの人称代名詞は「自己（分）」とするのが日本語としては適訳の場合も多いが，上記のような改正の有様を表現したいことなどからほぼ直訳主義を貫いた。）
7 　法文中の（ ）は原文のもの，〔 〕は訳者による加入である。
8 　各条文の末尾に付した（ ）内の数字は，*Sveriges Rikes Lag* における *Svensk författnings samling*（SFS）の法令番号で，当該条文の最終改正の根拠法を示す。これだけからは，改正が1回のみか，複数回におよぶかまでは分からない。
9 　日本語の表現が難しいと思われる場合には，原則として初出時に（ ）内に原語を記した。
10 　読点は，私の文章感覚もあろうが，なるべく減らすことに努めた。したがって，「ただし」の後には必ず読点を付する（日本の法令はそうである）というような統一的な用法はあえて採用していない。
11 　印刷上の形式も条文についてはおおむね *Sveriges Rikes Lag* の原文に従った。同書を参照される読者にとって少しでもそれを親しみやすくするための老婆心からである。
12 　訳文の理解を助けるために，*印で注記を付した。私自身の問題関心に基づくかなり恣意的基準によっているが（記憶力の悪い自分の学習メモという意味もある），渉外法律実務や研究上の便宜にも多少は配慮したつもりである。紙幅などにかんがみ原則として訴訟手続法の全4巻の大コンメンタールである Peter Fitger, *Rättegångsbalken, Del 1-4*, Stockholm: Norstedts Juridik のみを掲げるようにした。単に Fitger として引用するが，同書は加除式なので，頁数の表示がやや複雑である。例えば，Fitger, s. 1:3 は，同書の 1:3 と表示さ

れてある頁を意味する（s. は頁）。頁数は全巻の通し番号である。

　*印は，条文全体に関する場合は条数の表示の直後（複数の文，項を有するもの）または条文の末尾に，そうでない場合は関係する語または表現の後に付した（句読点がある場合はその後に）。

13　本書における「（立法）理由書」という表現は, Förarbetena（立法準備資料）と同義である〔以下略〕。

　なお, 凡例の最後に「原則として原文の när（＝英 when）は「…時」, om（＝英 if）などは「とき」というように訳し分けた。」を追加する（この点は横井氏のご助言による）。

第1 集団訴訟法

はじめに

《スウェーデンは，ヨーロッパで初めて米国，カナダ，オーストラリアのクラス・アクションに相当する集団訴訟に関する手続法規である「集団訴訟手続に関する法律（2002：599）」を制定し，2003年1月1日から施行している（以下，「集団訴訟法」ということがある）。

同法生誕の原動力を成したのは1人の優れた訴訟法学者の精力的な研究であり，彼は立法関係委員会のリーダーでもあった。（実は1974年まで彼を含めてスウェーデンの訴訟法学者の誰もクラス・アクションという語を知らなかったという。つとにそれ以前からクラス・アクションに関する知識を共有しかつその導入について議論を重ねながら，いまだに立法化が実現していないわが国の状況と対比して考えさせられるものがある——ただし，日本民事訴訟法30条3項等参照。）すこぶる謙虚な性格の彼自身が「同法は私の子」とまで表現するのは決して理由がないことではない。彼の名はペール・ヘンリック・リンドブローム（Per Henrik Lindblom）。2006年に定年退職するまでウプサラ大学の訴訟法教授であった。「世界訴訟法会議」のスウェーデンからの最も熱心な参加者であったから，彼の名は日本の民事訴訟法学者にもかなり知られているはずである。かつて私は彼の集団訴訟に関する800頁に近い壮大かつ精密な比較法的研究（*Grupptalan—En studie av det anglo-amerikanska class actionsinstitutet ur svenskt perspektiv*, Stockholm：Norstedts Juridik, 1989）に接して驚倒した経験を有する。それが彼と親交を結ぶにいたった契機ともいえるが，このたび集団訴訟に関する彼の一連の著作を改めてひもとくようになったのは，かつて神奈川大学法学部の同僚であった畏友小原喜雄博士（国際経済法）がスウェーデンのクラス・アクションに深い関心を示され，また，リンドブロームの未刊の英語論文をお送りくださったことに端を発する。私は目

下，スウェーデン訴訟手続法の新訳の作業に従事しているが，集団訴訟法についても早急にその日本語訳を提供することがスウェーデン訴訟法研究者としての自分の任務に属するのではないかと反省させられた。そして知的な意味での暑気払いも兼ねてこの猛暑の日々の一部を本法の訳業に充てた次第である。

なお最近，法施行後の状況などを調査検討するための調査人が任命され，2008 年 3 月 31 日までに報告書を提出することが予定されている。》

以上は，2007 年夏，当初の翻訳の冒頭に記した文章である。その後，『神奈川法学』の訳稿を基礎として『[翻訳] スウェーデン訴訟手続法─民事訴訟法・刑事訴訟法─』（中央大学出版部）を完成する作業に追われ，かつ私の体調不良も災いし，この集団訴訟法の訳稿は書斎の一隅で埃を浴びるままになっていた。しかし漸く訴訟手続法の訳書の仕事もほぼ片付いたので，改めてこの訳稿の手直しをしようかと考えていた矢先，図らずもリンドブローム教授からその最近著である *Grupptalan i Sverige,* Stockholm：Norstedts Juridik, 2008 が恵送されてきた。700 頁を超える大著で，しかも第 2 部は 300 頁に達するコンメンタールで占められている。（以下の訳稿の注記では，これを単に Lindblom として引用する。）なんという偶然であろうか。天が怠惰な私に，集団訴訟法の速やかな翻訳の完成・発表を督促しているのではないかと思わざるを得ない。

上掲訳書は 2009 年 3 月 10 日に中央大学出版部から刊行されたが，その跋の最後に次のような一文を記した。「実は最近になって，引き続き手続法分野の重要な諸法律（クラス・アクション，仲裁手続，行政訴訟などに関するもの）の翻訳を一本にまとめ，『スウェーデン法律用語辞典』および本書と合わせて，わが晩年におけるスウェーデン法三部作としたいという願望が生まれてきた。」(352 頁) ここでいうクラス・アクションに関する法律とは「集団訴訟手続に関する法律」のことである。すなわち本訳稿は，この三部作の最後の作品の一部を成すことを想定しているのである。その他の法律の翻訳の関係もあり，同書の上梓にはいま暫くの時を必要とする。とりあえずここにこの訳文を発表するのは，最近，わが国で焦眉の急務とされている消費者保護立法関係の作業に関連

してスウェーデンの集団訴訟法にも関心が寄せられ，本法の翻訳に対する要望があることを聞かされたことによる。*不十分な点は，一本にまとめる際に補筆・修正することとし，現時点での訳稿を読者のご高覧に供するゆえんである。（訳文の理解に資するかと考え，また自分の学習メモの意味合いも兼ねて若干の注記も付した。）

ところで，上記の調査人に任命された高等裁判所判事ヴァステソン（Marianne Wasteson）による293頁におよぶ報告書（Ds 2008：74）は2008年10月中旬に公表された。その内容は同法がおおむね所期のとおりに運用されており，立法段階において反対論者が危惧したような濫用の事態は発生していないことを確認したうえで，いくつかの立法提案を行うものである。しかし，リンドブロームはこの提案については，それが被告および裁判所の側に親和的であり，原告にとってはむしろ集団訴訟の機能の劣化に導くとして反対する。Lindblom, s. 701-716.

なお，翻訳の方針については上記訳書（本訳稿では拙訳『スウェーデン訴訟手続法』として引用する）と基本的に同一なので，その凡例（本書ⅴ-ⅶ頁に再掲）の参照を望みたいと思う。

*私は2009年2月6日，内閣府国民生活局総務課消費者団体訴訟室の室長・加納克利氏からスウェーデンの集団訴訟法についてインタビューを受け，その際参考資料として本訳稿とほぼ同一内容のものを提供した。ややくだくだしいこの「はじめに」も含めて，本訳稿が進行中のわが国における消費者団体訴訟の立法準備作業にとっていささかなりとも役立ちうるならば幸いである。

2009年3月

集団訴訟手続に関する法律（2002：599）*

*補記　2009年末から2010年3月にかけて，スウェーデンの法律家資格を有するソフィーア・裕美・バン（鶴舞裕美）氏（現在はスウェーデン国籍）とともにLindblomのAVDELNING II Lagtext med kommentarer（第2部のコンメンタールの部分）を丁寧に読む機会があり，その際彼女から有益なご指摘を得た。それに基づき，若干の訳文を修正することにした。記して謝意を表する。

序説的規定

集団訴訟

第1条　この法律において集団訴訟とは，原告が，事件におい当事者でないにもかかわらずその法律効果が帰属する複数の者の代表者として行う訴えをいう。*集団訴訟は私人による集団訴訟（enskild grupptalan），組織訴訟（organisationstalan）または公的集団訴訟（offentlig grupptalan）として提起することができる。**
　集団とは原告がそのために訴えを行う複数の者をいう。

　　*1人の原告が集団の被告に対して行う訴訟は，スウェーデン法の意味での集団訴訟ではない。Lindblom, s. 289.
　　**公的集団訴訟に対して，私人による集団訴訟と組織訴訟とは私的集団訴訟（privat grupptalan）の二つの形態とみられる。なお，スウェーデンのクラス・アクションを広狭二義に分ければ，私人による集団訴訟が狭義のクラス・アクションである。Lindblom, s. 25, 290-291.

集団訴訟手続（grupprättegång）

第2条　集団訴訟が行われる訴訟手続は，集団訴訟手続とよばれる。集団訴訟手続は訴訟手続法における民事事件に関する規定に従い通常裁判所によって取り上げられうる請求に関することができる。
　集団訴訟手続については訴訟手続法における民事事件に関する規定が適用さ

れる，ただし，この法律において異なる定めがない限り第1章第3条dを除く。

　集団訴訟手続はまた，環境法（miljöbalken）における特別の規定に従い行うこともできる。*

　　*環境法20章2条，32章13条，14条（本書22頁以下に邦訳がある）。環境法については拙編著『スウェーデン法律用語辞典』（2007，中央大学出版部）139頁のmiljöbalkenの項を参照。

集団訴訟の提起の仕方等

管轄裁判所

第3条　政府が定める地方裁判所は，この法律による訴訟を取り扱う権限を有する。*各県に少なくとも一つの権限を有する裁判所が存在しなければならない。

　　*政令（2002：814）により不動産裁判所がこの裁判所と定められている（1条）。Lindblom, s. 300. 不動産裁判所については『スウェーデン法律用語辞典』63頁のfastighetsdomstolの項を参照。

当事者適格

第4条　私人による集団訴訟は，自身が訴えに包含される請求権を有する自然人または法人によって提起されうる。

第5条　組織訴訟は，その定款によれば消費者と事業者との間における商品，役務またはその他事業者が消費者に提供する便益に関する紛争について消費者または給与生活者の利益を擁護する非経済的社団によって提起されうる。
　第1項における
　消費者：主として事業活動の外部に属する目的のために取引を行った者，
　事業者：自己の事業活動に関連する目的のために取引を行った自然人または

法人。

　第1項に係る組織訴訟は，紛争が一緒に取り扱われることが調査およびその他の事情にかんがみ著しい利益を伴うときは，他の種類の紛争も包含することができる。

第6条　公的集団訴訟は，紛争に関する事項にかんがみ集団構成員を代表するのに適切な公的機関によって提起されうる。政府は公的集団訴訟を提起できる公的機関を定める。*

　　*現在までのところ，消費者オンブズマンと，環境裁判所に対する環境法上の集団訴訟における自然保護庁のみが提訴の権限を認められている。Lindblom, s. 316.

第7条　集団を代表する権利は，第4条ないし第6条により訴えの提起を基礎付けた事情の変更が生じても消滅しない。

特別の訴訟要件

第8条　集団訴訟は以下各号の場合に審査に取り上げることができる*——
　1. 集団構成員の請求のために共通または類似する事実に基づく訴え，
　2. 集団訴訟が，若干の集団構成員の請求権が基本的に他の者の請求と異なることに基づき不適切であることが判明しないとき，
　3. 集団訴訟に係る請求の大部分が，集団構成員自身による訴えを通じては同等に良く追求することができないとき，
　4. 集団が規模，限定およびその他によって適切に特定されているとき，ならびに
　5. 原告がその本案に関する利益，集団訴訟を行う経済的条件およびその他の事情一般にかんがみ当該事件において集団構成員を代表するのに適切であるとき。

> ＊集団訴訟の提起について特別の許可（godkännande, certification）は必要とされない。Lindblom, s. 322.

申請書の内容

第9条 召喚状の申請書＊は訴訟手続法第42章第2条に述べるもののほか，以下各号の情報を包含しなければならない——
1. 訴えが関わる集団，
2. 集団構成員の請求のために共通または類似する事実，
3. 原告に知られている，若干の集団構成員の請求のみの審査のために有意義な情報，および
4. 請求が集団訴訟手続において取り扱われるべきか否かの問題について有意義なその他の事情。

原告は申請書において全ての集団構成員の氏名および住所を表示しなければならない。事件の取扱いのために必要でないときは，このような情報を省くことができる。＊＊ 原告はさらに，集団構成員に対する通知のために有意義なその他の事情（förhållande）を提供しなければならない。

> ＊召喚状申請書については，拙訳『スウェーデン訴訟手続法』225頁（42章1条の＊）を参照。わが国の訴状に相当する。
> ＊＊この場合には集合的な集団の表示，例えば「2000年中にボルボ（Volvo）S70の新車を購入した全ての者」というように記載することができる。Lindblom, s. 119, 407.

訴訟形態の変更（byte av taleform）

第10条 訴訟手続における原告である者は地方裁判所のもとに書面で，当該事件が集団訴訟手続に変更されるべき旨申請することができる。この場合には第9条および訴訟手続法第42章第2条ないし第4条の規定が適用されなければならない。申請は，被告がこれに同意するとき，または集団訴訟手続の利益

が被告*に伴うと考えられうる不利益を超えることが明白であるときにのみ認められうる。

　この申請書は被告に意見を求めるために送達されなければならない。申請が理由がないときは，裁判所は直ちにこれを却下する（avslå）** ことができる。

　事件が係属する地方裁判所が集団訴訟を取り上げる権限を有しないときは，申請は権限を有する地方裁判所に移送されなければならない。申請が明らかに理由がないときは，裁判所は移送する代わりに直ちに申請を却下することができる。

　　*リンドブロームの著書では，原告（kärande）と誤記されている。Lindblom, s. 482.
　　**英訳の法文は，avslå を本項では dismiss，末項 2 文では reject としているが，いずれも却下と訳した。この avslå は原告が上訴しうる終局的決定である。Lindblom, s. 485.

代理人

第 11 条　私人による集団訴訟および団体訴訟は弁護士である代理人によって追行されなければならない。特段の理由が存するときは，裁判所は事件が代理人なしにまたは弁護士でない代理人によって追行されることを認めることができる。

第 12 条　訴訟手続一般に関する委任状*は，集団訴訟を提起し，または集団訴訟の召喚状を受領する権限を与えない。

　　この委任状については拙訳『スウェーデン訴訟手続法』63 頁（12 章 12 条の）を参照。

集団訴訟が開始されたことの構成員への通知

第 13 条　集団訴訟手続の開始に関する原告の申請が却下され（avvisas）ないときは，集団構成員は集団訴訟手続について通知*されなければならない。

この通知は裁判所が適切と認めるところに従い以下の事項を包含しなければならない――

1. 申請の要旨，
2. 以下に関する情報
   a）取扱形態としての集団訴訟手続，
   b）構成員の自ら訴訟手続に関与する可能性，
   c）集団訴訟手続における判決の法律効果，および
   d）訴訟費用について妥当する規定，
3. 原告およびその代理人の氏名および住所に関する情報，
4. 裁判所が第14条による届出のために定める日時に関する情報，ならびに
5. 集団構成員の権利のために有意義なその他の事情に関する情報。**

> *通知については50条参照。
> **理由書によれば，裁判所は本号の情報の供与の判断については大きな自由を有する。Lindblom, s. 496.

集団の特定

第14条　裁判所が定める期間内*に書面**で裁判所に，彼または彼女は集団訴訟に包含されることを欲する旨の届出***をしない集団構成員は，集団から離脱したものとみられなければならない。****

> *理由書によれば，多くの場合には1月が適切な期間だとされる。Lindblom, s. 498.
> **書面はファックス，E-メールなどを排除しない。Lindblom, s. 497.
> ***届出期間の満了までは，集団の記述に包含されている者は全て構成員とみられるが，このことはなんらの法的効果も有しない。Lindblom, s. 497.
> ****立法の準備作業の段階では最初opt out方式が提案されたが，結局14条のようなopt in方式に落ち着いた。リンドブロームはこれを立法における最大の後退（逆に反対者の側からみればメリット）と批判するが，立法顧問院はより厳格なopt in方式を提案していたので，それが政府によって採用されなかったのは救いだという

（9条2項参照）。立法顧問院は召喚状申請書において全ての構成員の氏名・住所のリストの添付および各自の請求の提示などまでを求めたのである。Lindblom, s. 95-99, 102-103. なお，立法顧問院については『スウェーデン法律用語辞典』127頁の lagrådet の項を参照。

集団構成員の地位

第15条　集団構成員は，除斥・忌避関係，訴訟係属，訴えの併合，訴訟手続中の尋問およびその他の証拠調べに関する訴訟手続法の規定の適用にあたっては，当事者と同視されなければならない。

除斥・忌避

第16条　当事者でない集団構成員は，彼または彼女が参加人として訴訟手続に関与していないとしても，裁判官が事件の取扱いに関与することを知った日から2週間内にその裁判官に対する除斥・忌避の異議（invändning）を提出することができる。除斥・忌避の原因が構成員に知られていなかったときは，構成員がこのような知識を得た日から2週間内に異議を提出することができる。

事後の取扱い

原告の義務

第17条　事件の追行にあたっては，原告は集団構成員の利益を擁護しなければならない。

　重要な問題*については，大きな支障**なしにできるときは，原告は集団構成員に意見を述べる機会を与えなければならない。集団構成員が求めるときは，原告はその構成員の権利のために有意義な情報を提供しなければならない。

*理由書によれば，一部の訴えの取下げ，請求の放棄や和解の締結など。Lindblom, s. 506.
**訴訟が著しく遅延することなどを意味する。Lindblom, s. 506.

訴えの拡張

第18条　裁判所はそれが事件における判断の著しい遅延を起因することなく，かつその他に被告のために著しい不利益なしに行われるときは，原告が集団訴訟を，集団構成員の他の請求または新たな集団構成員を包含するように拡大することを認めることができる。訴えの拡張の申請は書面でし，かつ第9条に述べる情報を包含しなければならない。

訴訟物の譲渡

第19条　原告または集団構成員が争いが関わるものを他人に譲渡するときは，構成員として集団に加入する譲受人の権利および義務については，訴訟手続法第13章第7条に述べるところが適用されなければならない。

副集団

第20条　裁判所は，それが合目的的な取扱いを促進するときは，原告と並んでまたは原告の代わりに若干の集団構成員のみに関する問題または本案の一部について事件を追行する者を任命することができる。*このような任命は集団構成員，またはそれが可能でないときは他の者に与えることができる。**

当事者および関係する集団構成員は，それが明らかに不必要でないときは，裁判所が決定を行う前に意見を述べる機会を与えられなければならない。裁判所は決定において，この任命が関わる集団の部分および問題または本案の部分を表示しなければならない。

原告に関するこの法律の規定は第1項により事件を追行するために任命され

た者にも適用できる部分が適用される。

> *例えば，一部の集団構成員が過失を，他の一部の構成員が厳格責任を主張する場合，被告が一部の集団構成員に対して本案の抗弁や反訴請求をする場合などが挙げられている。Lindblom, s. 516.
> **公的機関や団体も任命の対象となりうる。Lindblom, s. 517.

原告の交替

第21条　原告がもはや事件における集団構成員を代表するのに適切と判断されないときは，裁判所は第4条ないし第6条により当事者適格を有する他の者を，原告として集団の事件を追行するために任命しなければならない。

　第1項により新たな原告を任命することができないときは，集団訴訟は却下されなければならない。ただし，原告が上級の裁判所における上訴人の相手方当事者であるときは，裁判所は原告として集団の事件を追行するのに適切と判断される者を任命することができる。*,**

> *原告代理人が集団構成員らおよび裁判所の信頼を得ているときは，この者を新たな原告として任命することも可能である。
> **上級の裁判所においても原告の変更の問題が生じうる。この場合，当事者適格を有する者の中に原告になることを欲しかつ原告として適切な者がいないときは，本項による任命を行うことができる。Lindblom, s. 519.

第22条　第21条に係る場合以外においては，原告が自己の争いが関わる部分を譲渡したとき，またはその他特段の理由*が存するときにのみ，他の者は原告の事件を引き受けることができる。

> *理由書は，「国が集団の構成員として加入すること」をある公的機関が届け出る場合を挙げている。公的機関はその能力および財政的資源にかんがみ集団構成員の利益をより良く擁護することができると考えられるからである。Lindblom, s. 520.

集団訴訟手続またはその一部の中絶

第23条[*] 原告が第14条による届出の期間内に集団訴訟を取り下げたときは，その事件は全部が除去されなければならない。原告がこの期間内にある集団構成員の請求に属する部分の事件を取り下げるときは，その請求部分が除去されなければならない。

届出の期間の経過後に事件の全部の除去または集団訴訟の却下に関する問題が生ずる場合，裁判所はそれが明らかに不必要でないときは，当事者および集団構成員に意見を述べる機会を与えなければならない。

第2項は，ある集団構成員の請求に属する部分の事件の除去または訴えの却下の問題が生ずるときにも適用される。

> [*]本条から全ての構成員の請求はそれぞれの「原告の請求（käromål）」として理解されていることが分かる。集団訴訟とは訴訟技術的には一定数の原告の請求が全員のための原告としての集団代表者を有する一つの訴訟手続に併合されていることなのである。Lindblom, s. 522.

第24条[*] 裁判所は，彼または彼女の請求に関する集団訴訟手続が中絶された場合，集団構成員が自己の権利について当事者として関与しかつ事件を追行することを欲するときに裁判所に書面で届け出る期間を定めることができる。

第1項による関与の届出がなされたときは，届出に関する原告の請求を分離し，かつ取扱いの続行に関する決定をしなければならない。裁判所は訴訟手続法第1章第3条dに述べる要件の下に事件が同条を適用して取り扱われるべき旨決定することができる。

裁判所は，調査およびその他の事情にかんがみそれが最上であるときは，分離した事件を権限を有する他の裁判所に移送することができる。

> [*]本条は，集団訴訟手続の全部または一部が却下または除去された場合に，集団構成員，被告および公共の利益のために新たな提訴手続（召喚状の発令）を要することなく訴訟の継続を可能にするものである。Lindblom, s. 526.

第25条　上訴が取り下げられるときまたは遅れて到達したという理由以外で却下されるべきときは，第23条第2項および第3項ならびに第24条第1項および第2項が適用される。

　原告が本口頭弁論の集会に出頭しなかったことに基づき上訴が消滅したときは，たとい彼が不出頭のための正当な理由を欠いたとしても，事件は集団構成員の申請に基づき訴訟手続法第50章第22条により訴訟を再取上げしなければならない。集団構成員の申請は一定の請求に制限することができる。

和解

第26条　原告が集団のために締結する和解は，判決によって確証されるときは有効である。* 和解は当事者の求めに基づき，それが若干の集団構成員に対して差別的でないかまたはその他の仕方で明らかに不合理的でないときは，確証されなければならない。

　　これに対して，通常の民事訴訟における和解の場合は判決による確証によって既判力および執行力を取得する(訴訟手続法17章6条, 強制執行法3章1条1項2号)。単なる和解の場合は訴えの取下げと同様に処理される。拙訳『スウェーデン訴訟手続法』85頁（17章6条の）を参照。なお，集団構成員に対する拘束力を有する訴訟前の和解契約を締結することはスウェーデンでは不可能である。Lindblom, s. 127.

若干の問題の審査の延期

第27条*　調査にかんがみ適切であり，かつ被告にとって著しい不利益なしに行うことができるときは，裁判所は若干の集団構成員のために本案の終局的判断を意味し，かつ他の集団構成員にとってはある問題の審査が延期されることを意味する判決をすることができる。

　裁判所は事件が終局的に判断されなかった各集団構成員に，一定の期間内に残余の問題が審査されることを申し出るよう命じなければならない。このような申出を提出した集団構成員に関する問題については，裁判所は分離および取

扱いの続行に関する第24条第2項および第3項により決定しなければならない。集団構成員が残余の問題の審査に関する申出を提出しないときは，被告が請求（yrkande）**を認諾したかまたは請求（talan）が明らかに理由があるのでなければ，この構成員の請求は棄却されなければならない。

> *理由書は，本条の適用が適切な場合として被告が1人または複数の構成員のみに対し，共同過失や因果関係の欠如などの本案の抗弁をする場合を挙げる。また，初期段階の理由書では「特別の中間判決」という用語が用いられていた。Lindblom, s. 536.
> **英訳は yrkande を request すなわち第2項の申出と理解して訳しているが，誤解であろう。そもそも申出がないときに申出の認諾というのは意味を成さない。

判断の内容

第28条　裁判所は判決において判決が関わる集団構成員を表示しなければならない。問題の性質にかんがみそれが必要とされるときは，決定においても同様である。

既判力

第29条　集団訴訟手続における裁判所の判断は，判断に包含される全ての集団構成員との関係において既判力を生ずる。

訴訟費用等に関する特別規定

補償を受ける権利および費用のための責任

第30条　第21条第2項により原告として集団の事件を追行すべく任命された者は，訴訟手続の準備および事件の追行ならびに代理人または補佐人に対する報酬のための費用に相当するものを，その費用が集団構成員の権利を擁護す

るために合理的に要求されたものであるときは，公費から補償を受ける権利を有する。補償はまた，訴訟手続に起因する原告自身の費用および時間の消費に対しても与えられなければならない。追行されている事件にとって直接的意義を有する争いの問題の解決に関する交渉は，訴訟手続の準備のための措置としてみられる。

　裁判所は，職務が伴う費用または仕事の範囲，訴訟手続が継続すると予測される期間およびその他の事情にかんがみ適切であるときは，合理的な額について補償の前払を決定することができる。

第31条　第21条第2項により原告として集団の事件を追行すべく任命された者は，訴訟手続法第18章第6条に係る場合以外には相手方の訴訟費用の補償のために支払う義務を負わない。その代わりに従前事件における当事者であった者が，当事者としてこの訴訟費用のための責めを負う。彼または彼女はまた，第30条により公費から支払われたものを，上訴人またはその他の者がこのような補償を支払う義務を有しない限度において，国に償還しなければならない。

　ある者が上訴に関連してまたはその後において第1項に係る場合以外に原告の事件を引き受けたときは，彼または彼女は上級の裁判所において生じた訴訟費用についてのみ当事者として責めを負う。下級の裁判所における訴訟費用については，代わりに従前事件における原告であった者が責めを負う。

第32条　訴訟費用のための責任に関する訴訟手続法の規定は第30条の支持をもって原告に支払われるような公費からの補償の問題についても適用されなければならない。このような費用の償還は国に支払われなければならない。裁判所は申立てなしに償還の問題について審査しなければならない。

集団構成員の費用責任

第 33 条　訴訟手続における当事者でない集団構成員は，第 34 条および第 35 条に係る場合にのみ事件における訴訟費用について責めを負う。

第 34 条　被告が原告の訴訟費用を償還することまたは国に第 32 条に係るような費用を支払うことを義務付けられ，かつ被告がそれを支払うことができないときは，関係する集団構成員はこれらの費用を償還する義務を負う。被告が第 41 条により支払うことを義務付けられない危険契約（riskavtal）の際の増加費用についても同様である。各集団構成員は，費用の自己の部分について責めを負い，かつ訴訟手続を通じて彼または彼女が利得したものより多くを支払う義務を負わない。

第 35 条　訴訟手続における当事者でない集団構成員は，その構成員が訴訟手続法第 18 章第 3 条第 1 項に係る措置または同章第 6 条に係るような過失もしくは過怠によって惹起した費用を償還しなければならない。*

> *当事者でない集団構成員は原則として訴訟行為をすることができないので，本条が定めるような状況が生ずることは稀であるが，それでも本条は存在意義を有すると理由書はいう。例えば，それが判明していれば集団訴訟の提起が決してなされなかったであろうような重要な事実を，構成員が原告に告げることを避けた場合などには本条が適用されるのである。Lindblom, s. 547.

第 36 条　構成員が上訴に関連しまたはその後に集団訴訟手続に当事者として関与するときは，構成員は上級の裁判所において生じた費用についてのみ当事者として責めを負う。

原告の請求の分離

第 37 条　第 24 条により原告の請求が分離されたときは，原告および集団構

成員は分離前に生じた訴訟費用について連帯して責めを負う。その後に生じた訴訟費用については集団構成員が単独で責めを負う。

　原告または集団構成員が過失または過怠によって訴訟費用を起因したときは、彼または彼女がその費用について単独で責めを負わなければならない。

危険契約（riskavtal）

第38条　原告が代理人との間に、代理人の報酬は集団構成員の請求が認容された程度にかんがみ決定される旨の契約（危険契約）を締結した場合、この契約は裁判所によって承認されたときのみ集団構成員に対して援用することができる。*

　　*危険契約については①原告と代理人との関係、②原告と被告との関係、③原告と集団構成員との関係の三つの面が区別されなければならない。裁判所の承認が必要なのは③である。なお、スウェーデンでは従来わが国でみられるような広義の成功報酬契約も弁護士倫理に反するとされてきたが、本条以下の危険契約はこれを明文規定として認めたものである。Lindblom, s. 146, 149, 551. 2009年1月1日から施行された新たなスウェーデン弁護士会倫理規程は特段の理由が存する場合には成功報酬契約が認められる旨定める（同規程4.2）。

第39条　危険契約は契約が事案の性質にかんがみ合理的であるときにのみ承認されうる。* 契約は書面の形態に作成されなければならない。契約からは報酬が、集団構成員の請求が認容されるかまたは全く棄却されるかにより、どのような仕方で通常の報酬基準から乖離することを意図しているかが明らかにならなければならない。契約は報酬が訴訟物の価額にのみ基づくときは承認されない。**

　　*この合理性判断にあたっては通常報酬（normalarvode）を出発点とする。通常報酬は訴訟手続法18章8条により訴訟費用として敗訴当事者に償還可能なものである。難易度の高い争いのある事件の通常報酬は例えば1時間2500クローナといわれる。危険契約においては例えば勝訴の場合には標準報酬の2倍あるいは3倍、敗訴の場

合にはその半額あるいは無料と約定することが可能である。Lindblom, s. 552.
＊＊この末文は狭義の成功報酬すなわち米国の contingent fee のような契約が許されないことを意味する。ただし，標準報酬の 2 倍＋10 万クローナというような契約は認められると解される。Lindblom, s. 147, 556-557.

第 40 条 危険契約の承認の問題は，係属中の集団訴訟手続において原告の申立てに基づき裁判所によって審査される。危険契約を包含する法的事項が裁判所のもとに提起されていないときは，集団訴訟を提起しようとする者は，承認の問題が争いを審査する権限を有する裁判所によって審査されることを求めることができる。＊いずれの裁判所が審査する権限を有するかが判明しないときは，承認の問題はストックホルム地方裁判所によって審査される。

　第 1 項による承認は，集団訴訟が承認から 6 月内に提起されないときは効力を失う。理由が存するときは，裁判所はこの期間を延長することができる。

　　＊承認の問題は，集団訴訟の提起前にも審査されうる。Lindblom, s. 558.

第 41 条 訴訟手続法第 18 章第 8 条による償還すべき訴訟費用の審査にあたっては，危険契約に基づき生じた増加費用は斟酌されない。

上訴

第 42 条 ある問題の審査が第 27 条により延期されたときは，裁判所は，判断が終局的でない部分の判決が別個に上訴できるか否かについて定めなければならない。ただし，判決中の終局的であるような部分については，集団のためにまたは集団に対して常に別個に上訴することができる。

　第 1 項により判決が別個に上訴されるときは，裁判所は事件のその余の部分について判決が確定力を取得するまで中止すべき旨定めることができる。

第 43 条 訴えの取下げを理由とする地方裁判所の決定に対しては，取下げが第 14 条による届出の期間内に行われたときは上訴することができない。ただ

し，訴えの除去に関連してなされた訴訟費用に関する決定に対しては上訴することができる。

第44条　新たな原告を任命する地方裁判所の決定に対しては，従前の原告および他の原告を提案した集団構成員から上訴することができる。原告の交替に関する申出を却下する地方裁判所の決定に対しては，このような交替を提案した集団構成員から上訴することができる。上訴については訴訟手続法第49章第4条および第11条第1項の規定が適用される。

第45条　訴訟手続中における地方裁判所の決定に対しては，訴訟手続法および第44条に述べるところのほか，地方裁判所の以下各号の決定について別個に上訴することができる——
  1. 代理人なしにまたは弁護士でない代理人によって，私人による集団訴訟または組織訴訟を追行することを求める原告の申出を却下した決定，
  2. 第19条による集団の構成員としての加入に関する問題を審査した決定，または
  3. 第39条による危険契約の承認に関する問題を審査した決定。
　第1項に係る決定に対して上訴しようとする者は，まず上訴の通知をしなければならない。この通知は，決定が集会において告知されたときは直ちに，そうでないときは上訴人が決定を受領した日から1週間内にしなければならない。これを怠る者はもはや決定に対して上訴をする権利を有しない。上訴の通知がなされた場合，裁判所は特段の理由が存するときは，上訴の審査が終了するまで事件を停止する旨宣言することができる。

第46条　第44条および第45条の規定はまた，同各条に係る問題および高等裁判所において生じたまたはそこに上訴された問題に関する終局的でない高等裁判所の決定に対する上訴の際にも適用される。

第47条　集団構成員は判決または終局的決定に対して集団のために，ならびに第39条による危険契約の承認に関する決定に対して上訴することができる。

集団構成員はさらに，自己のために彼または彼女の権利に関わる判決または決定に対して上訴する権限を有する。

第48条　訴訟手続における原告でない集団構成員による上訴の通知は，その構成員が呼び出されておらず，かつ出頭もしていない集会において決定が告知されたときは，決定の日から1週間内にすることができる。決定が集会において告知されず，かつ構成員に送達されないときも同様である。

集団構成員への通知

第49条　裁判所は，その余の規定に定めるもののほか，判決または終局的決定ならびに第26条により確証が求められる和解について，関係する集団構成員に通知しなければならない。

情報が構成員の権利のために有すると考えられうる意義にかんがみ必要であるときは，裁判所はさらに以下各号の事項も関係する集団構成員に通知しなければならない――
1. 原告が新たな原告に交替したこと，
2. 原告が新たな代理人を依頼したこと，
3. 原告が請求を放棄したこと，
4. 危険契約の承認に関する問題が生じたこと，
5. 判決または決定が上訴されたこと，ならびに
6. その他の決定，措置およびその余の事情．

第50条　本法による集団構成員への通知は，裁判所が適切と認める方法で，かつ訴訟手続法第33章第2条第1項の規定を遵守して行わなければならない。

それが事件の取扱上著しい利益があるときは，裁判所は当事者に，通知につ

いて配慮するよう命ずることができる。このような場合においては，当事者は公費から費用の補償を受ける権利を有する。

第2項に述べるところは，通知が送達によって行われるときにも適用される。

環境法*における集団訴訟に関する規定

*環境法については関東弁護士連合会公害・環境保全委員会訳『スウェーデンの環境法典』（2006，非売品）がある。以下の訳文は集団訴訟法の拙訳などとの整合性を維持するために同書の訳文とは著しく異なっているが，内容的にはほぼ同一のものである。（同書の訳文は法律2006：673以降の改正を含んでいないが，拙訳でも改正の重要部分である20章2条1項9号（追加）は省略してある。）

第20章　裁判所

第2条　環境裁判所は第一審として以下各号に関する事件を審査する——
1. 第21章第1条第1項により申請事件である環境に有害な活動，
2. 県中央行政庁が審査すべき土地排水に係る活動以外の，第11章および水域の活動に係る特則に関する法律（1998：812）による水域の活動および水域の施設，
3. 水域の活動に係る特則に関する法律（1998：812）により県中央行政庁から送致された，または土地調査機関から届け出られた土地排水，
4. 第28章第2条ないし第5条による損害および侵害に対する補償，
5. 本法による公共による介入および他に特別の定めがない水域活動の際の補償および不動産の強制的有償取得，
6. 第32章による環境損害のための補償および不動産の強制的有償取得，第32章第12条による禁止または予防措置に関する訴え，ならびに第32章第13条による集団訴訟，
7. 連帯責任者のいずれかによる訴えに基づく第10章第6条および第7条に

よる複数者間の連帯責任の配分，
　8．過料を命じた公的機関の特別の申出に基づき本法の支持をもって命じられた過料の賦課，または過料が過料に関する法律（1985：206）第6条第2項の適用をもってこの手続において命じられたとき，ならびに
　9．〔略〕
　第19章第1条第3項に述べるように環境裁判所は他に異なる定めがないときは，本法または本法の支持をもつ定め，および水域の活動に係る特則に関する法律（1998：812）による県中央行政庁およびその他の国家機関の決定について上訴に基づき審査する。環境裁判所が上訴に基づき簡易訴訟に関する執行官局の決定を審査することは第26章第17条第2項に明らかである。（法律2008：531）

第32章　若干の環境損害のための損害賠償およびその他の私的請求

第13条　損害賠償に関する訴えは，集団訴訟手続に関する法律（2002：599）による集団訴訟として行うことができる。
　第12条による継続する活動に対する禁止または保護措置もしくはその他の予防措置に関する訴えは，同法により私人による集団訴訟または組織訴訟として行うことができる。
　第1項または第2項による集団訴訟の際は，集団訴訟手続に関する法律（2002：599）が第2条第1項第2文および第2項，第3条および第5条ならびに第24条第2項第2文および第3項を除いて適用される。（法律2002：600）

第14条　第13条第1項または第2項による組織訴訟は，その定款によれば自然保護もしくは環境保護の利益の擁護を目的とする非経済的社団または漁業，農業，トナカイ放牧および林業の職業団体によって提起されうる。
　第1項に述べるところはそこで挙げられるような組織の連合体にも適用される。（法律2002：600）

第2 過料法および裁判所案件法

はじめに

　本訳稿はスウェーデンの「過料に関する法律（1985：206）」および「裁判所案件に関する法律（1996：242）」を翻訳したものである。かつて本誌〔神奈川法学〕に連載したスウェーデン訴訟手続法（民事訴訟法・刑事訴訟法）の翻訳（40巻2号，3号）は，これを若干改善したうえ，解説および訳注を加えて近く一本として刊行されるが*，過料および裁判所案件とくに前者は訴訟手続法の訳文中によく出てくるので，訴訟手続法の理解上有用だと考えて早急にこの二つの法律の訳文を発表することにした次第である。二つの法律の内容は，わが国でいえば非訟事件手続法（第1編および第4編）にほぼ相当する。

　翻訳の方針については訴訟手続法と基本的に同様なので，上掲訳書の凡例（本書v‐vii頁に再掲）の参照を望みたい。〔以下略〕

　　*拙訳『［翻訳］スウェーデン訴訟手続法―民事訴訟法・刑事訴訟法―』（2009，中央大学出版部）として刊行された。以下，拙訳『スウェーデン訴訟手続法』として引用する。

過料に関する法律（1985：206）

　スウェーデンの過料制度はわが国のそれとはかなり異なるので，まず若干の概説をしておこう。

　過料（vite）には民事法的意義の過料と公法的意義の過料がある。前者は契約過料ともよばれ，債権的法律関係における予め定められた損害賠償として機能する。この種の過料は本法の対象外である。

　公法的過料にも個別的過料と一般的過料という二つの形態がある。前者は裁

判所またはその他の公的機関の個別的決定において、ありうべき決定に対する不遵守のための制裁として予め定められる一定の金員である。この過料は決定に名前が表示された名宛人に向けられる。本法の規定が全て適用される過料はこれである。

　一般的過料は本来刑事制裁としての罰金の別名であり、かつての公法においては基本的に刑罰と理解されてきた。1条1項ただし書きの定める過料が一般的過料である。実はこの用法が古スウェーデン語における語義であったようである。現在では一般的過料を定める法規定は稀である。後掲 Lavin, s. 16-17.

　同法に関する信頼すべき詳細な注釈書（といっても、他に注釈書や概説書はないのだが）としては、Rune Lavin, *Vitelagsstiftningen—En kommentar*, Norstedts：Stockholm, 1989 がある。著者ラヴィーンは現在行政最高裁判所長官であるが、ルンド大学の公法学教授から国会オンブズマンになり、さらに行政最高裁判所判事に転じ、ラーグネマルム（Hans Ragnemalm）の後を継いで同裁判所の長官職に就いた。（ちなみに、ラーグネマルムは拙訳『スウェーデン行政手続・訴訟法概説』（1995、信山社）の原著者で、彼もルンド大学の公法学教授から国会オンブズマン、行政最高裁判事、さらに EU 司法裁判所判事を経て行政最高裁長官になった。両人の経歴は酷似している。）

　また、過料について興味を惹くのはスウェーデン公法学では過料の問題がかねて熱心な学問的研究のテーマとされてきたことで、ラヴィーンも過料に関する著書・論文を著しており、過料法の立案作業にも専門家（expert）として関与している。

序説的規定

第1条　この法律は、法律またはその他の法令により公的機関が命ずることができる過料について適用される。ただし、第2条ないし第6条、第9条および第10条に定めるところは全ての者（var och en）に向けられるような過料については適用されない。

本法は別に定めるところから異なる結果が生ずる限度において適用されてはならない。

過料に関する一般的規定は刑法および罰金執行法（1979：189）にも存する。

過料命令

第2条　過料命令は1人もしくは複数の・名称を有する自然人または法人（名宛人）に対し向けられていなければならない。命令が名宛人にとってある措置をとることを意味するときは，命令からその措置をとるべき日時または期間が明らかにされなければならない。

名宛人が命令を遵守する法的または事実的な可能性を欠くと考えられうるときは，過料を命じてはならない。

過料が命じられた時は，名宛人に対する同一の事項についての新たな過料は，従前の命令が確定力を取得する前には命ずることができない。

過料命令は名宛人に送達されなければならない。

過料の額

第3条　過料が命じられる時は，名宛人の知られている経済的関係およびその他過料と結合した命令を彼が遵守することができると考えられうる事情にかんがみ，その額を決定しなければならない。第4条から異なる結果が生じないときは，過料は特定の額として定めなければならない。過料が複数の者に一緒に命じられるときは，彼らの各人について個々の額を定めなければならない。

進行的過料（löpande vite）*

第4条　事情にかんがみ適切であるときは，過料は進行的過料として命ずることができる。この場合の過料は，命令が遵守されていないある期間中の各時

期のために，または命令が回帰的義務に関するときは名宛人がその履行を怠る各回のために，一定の額を定めることができる。

　過料命令が禁止もしくはこれに類する指示を包含するか，またはそうでなくとも適切であるときは，代わりに過料は指示の違反が行われた各回のために支払われるべき旨定めることができる。

　進行的過料は，他の特別の規定から過料は一定の最高額を超過してはならないことが判明するときは適用してはならない。

　　*本法の特徴の一つは進行的過料の立法化である。（もう一つは過料の賦課を，原則として過料を命じた公的機関の申請に基づき行政地方裁判所が行うものとしたことで，以前は一般検察官の訴えにより地方裁判所が賦課の問題を取り扱った。）進行的過料の制度は，デンマーク法およびノルウェー法のそれをモデルとしているが，立法作業においてはフランス法のアストラント（astreinte）の制度も研究されたといわれる。Lavin, s. 144, 101, 121-122.

ある情報を供与することの命令

第5条　公的機関がある財産の所有者または所持者に対し，過料をもってその財産についてある措置をとることを命じまたは禁止する権限を有する場合，公的機関はまたこの者に，彼の法的地位が消滅するときは新たな所有者または所持者の氏名および住所に関する情報を供与するよう命ずることができる。このような命令も過料と結合させることができる。

過料の賦課（utdömande）等

第6条　過料の賦課に関する問題は，過料命令を発した公的機関または過料命令に対する上訴の後にそれが行われたときは，この問題を第一審として審査した公的機関の申請に基づき，行政地方裁判所が審査する。賦課に関する申請は，その裁判管轄区域内に公的機関が所在する行政地方裁判所のもとになされる。ただし上述したところは第2項または第7条に係る場合には適用されない。

行政高等裁判所に対する上訴にあたっては審査許可が要求される。政府によって命じられた過料の賦課に関する問題は，法務監察長官の申請に基づきストックホルム行政地方裁判所によって審査される。

訴訟手続またはこれに相当する他の手続における義務の履行について当事者またはその他の者に対し命じられた過料の賦課に関する問題は，特別の申請なしにその命令を発した公的機関によって審査される。（法律 1998：591）

第7条　地方裁判所は，以下各号の過料の賦課に関する問題について審査する――

1. 全ての者に向けられた過料，
2. 私的請求の担保に関する過料，
3. 以上に掲げた場合以外に，地方裁判所自身または裁判所の決定に対する上訴（talan）の後に上級の裁判所が命じた過料。*

　*本号の過料には訴訟手続法により命じられたものを含まない。このような過料については6条2項が適用されるからである。Lavin, s. 192.

第8条　通常裁判所が特別になされた訴えの後に過料の賦課に関する問題について審査する時は，罰金よりも重い刑罰が定められていない犯罪の訴追に関する事件として訴訟手続法の規定の適用できる部分により事件を取り扱わなければならない。

第9条　過料の目的がその意味を失ったときは，過料を賦課してはならない。そのための特段の理由が存するときは，過料〔の額〕は調整することができる。

　第4条第2項に係る過料の賦課に関する事件において同時的判断のために複数の指示の違反が存するときは，命令に掲げられている額よりも高い額を一度に賦課してはならない。このような事件における決定が確定力を取得した時は，事件が提起される前になされたような指示の違反については賦課の判断をすることができない。

このような事件を提起すべき要件の事由が発生してから2年内に，賦課に関する事件について名宛人に送達がなされないときは，過料は消滅する。

警察機関による援助

第10条　裁判所のもとで過料の賦課に関する事件を追行する公的機関は，調査にかんがみ必要であるときは警察機関の援助を用いることができる。

この法律は1985年7月1日から施行する。ただし，第6条に定めるところは施行前に命じられた過料については適用されない。

裁判所案件に関する法律（1996：242）*

*裁判所案件に関する法律に関する標準的な文献としては Peter Fitger, *Lagen om domstolsärenden—En kommentar*, 2 uppl., Stockholm: Norstedts Juridik, 2004 という注釈書がある。本書は附録等も含めると400頁に達する詳細なものである。

本法の適用分野

第1条　この法律は地方裁判所によって取り上げるべきで，かつ訴訟手続法により取り扱うべきではないような非訟案件（rättsvårdsärenden）の地方裁判所，高等裁判所および最高裁判所における取扱いについて適用される。

第2条　行政〔手続〕法（1986：223）以外の他の法律がこの法律から乖離する規定を包含するときは，その規定が適用される。

裁判所の構成等

第3条　裁判所および裁判官については訴訟手続法第1章ないし第4章が適

用される。案件の取扱いの際，地方裁判所は1人の法律専門家の裁判官によって構成される。ただし案件の性質にかんがみ特段の理由が存するときは，地方裁判所は3人のこのような裁判官によって構成することができる。高等裁判所の構成が問題になる時は民事事件のための訴訟手続法の規定が適用される。票決にあたっては訴訟手続法第16章または第29章が適用される。少数意見は記録されなければならない。

　特別の定めにより法律専門家の裁判官でない職員が案件を取り扱うときは訴訟手続法第4章における除斥・忌避に関する規定が適用される。

地方裁判所のもとで案件はどのように開始されるか

第4条　地方裁判所のもとで案件を開始しようとする者は，届出（anmälan），申請，上訴によりまたはその他の仕方で書面でこれをしなければならない。政府は若干の種類の案件について他の形式でそれ〔開始〕がなされうる旨定めることができる。

第5条　地方裁判所に対する私人の当事者の最初の書面は，当事者に関する以下各号の情報を包含しなければならない——
1. 氏名，職業および個人番号または組織番号，
2. 郵便上の住所，就業場所の住所ならびにそれが適切な場合には送達の際当事者に出会うことができるその他の住所，
3. 住居（bostad）および就業場所の電話番号，ただし秘密の電話加入に係る番号については，地方裁判所がそれを求めるときにのみ開示することを要する，ならびに
4. その他，彼に対する送達上有意義な事情。

私人が法定代理人を有するときは，同様の情報が彼についても提供されなければならない。当事者が代理人を選任しているときは，代理人の氏名，郵便上の住所および電話番号が示されなければならない。

案件において私人の相手方当事者が存するときは，案件を開始する者は第1項および第2項に述べる事項について相手方当事者に関する情報を提供しなければならない。ただし，相手方当事者またはその法定代理人の職業，就業場所，電話番号および代理人に関する情報は，案件を開始する者にとって情報が特別の調査なしに入手できるときにのみ提供することを要する。相手方当事者が知られている住所を欠くときは，これを確定するための調査を行ったときに情報を提供しなければならない。
　情報は，情報が裁判所に提供される時点の事情に妥当するものでなければならない。これらの事情のいずれかが変更するか，情報が不十分であるか，または誤っているときは，直ちに（genast）地方裁判所に届け出なければならない。

第6条　申請書は以下各号の情報を包含しなければならない——
 1. 申し立てられるもの，
 2. 申立てを支持するために援用される事実，ならびに
 3. 援用される証拠および各証拠によって証明すべき事項。
文書証拠は申請書と同時に提出しなければならない。

第7条　上訴状は以下各号の情報を包含しなければならない——
 1. 上訴される決定，
 2. 上訴される決定の部分および求められる決定における変更，
 3. 上訴の理由および上訴人の見解によれば不当である決定の理由の部分，ならびに
 4. 援用される証拠および各証拠によって証明すべき事項。
文書証拠は上訴状と同時に提出しなければならない。

第8条　上訴状が上訴された決定を発した行政機関に提出される代わりに地方裁判所に提出されたときは，地方裁判所は上訴状をその機関に移送し（överlämna）なければならない。上訴は地方裁判所に到達した日にその機関に到達

したものとみられなければならない。

　開始された案件に関連して，地方裁判所は，案件を取り扱う権限を欠くが他の地方裁判所が権限を有すると認めるその他の場合においては，案件を開始した者が異議を述べず，かつこの書面（den skrivelse）を移送することに反する理由が存しないときは，案件を開始した書面を同〔後者の〕裁判所に移送することができる。書面は最初にそれを受理した裁判所に到達した日に後者の裁判所に到達したものとみられなければならない。

開始書面における欠缺等

第9条　案件を開始した書面が欠缺を包含するときは，裁判所は当事者にそれを一定の期間内に補正するよう命ずることができる。所定の手数料が支払われていないときは，当事者は支払を命じられなければならない。そのための理由が存するときは，裁判所は当事者にその裁判所のもとで案件を開始する権限または誰が当事者の法定代理人であるかに関する証拠を提出するよう命じなければならない。この命令が遵守されなければ案件を本案について審査することができないときは，当事者はこのことについて教示されなければならない。

第10条　第9条による命令が遵守されない場合，以下各号にあたるときは，地方裁判所は届出，申請または上訴を却下しなければならない，——
　1. 欠缺が，案件を開始した書面を本案の審査の基礎に置くことができないようなものであるとき，
　2. 欠缺が第5条の規定に係り，かつ送達の問題のために些細な意義のみを有するものでないとき，または
　3. 所定の手数料が支払われていないとき。
　却下は，審査のために他のなんらかの障害が存する時にもなされなければならない。ただし，上訴が正当な期間内に到達したか否かに関する問題は，行政機関が却下について決定しかつその機関の決定が地方裁判所に上訴される時に

のみ，地方裁判所によって審査されなければならない。

上訴の際の決定機関の地位

第11条　私人が行政機関の決定に対し上訴するときは，案件における文書（handlingar）が裁判所に提出された（överlämnats）後は，行政機関が私人の相手方当事者である。

案件の取扱い一般

第12条　裁判所は案件がその性質が要求するところに従い調査され，かつ案件に不必要なものが導入されないよう配慮しなければならない。裁判所は質問および指摘によって当事者らの陳述における不明確性および不十分性を補正させるよう努めなければならない。

第13条　裁判所のもとでの手続は書面による。
　手続においては調査上有益であるかまたは案件の迅速な判断を促進すると考えられうる時は，集会を含むべきである。
　裁判所は集会を，案件における当事者らの見解を調査すること，口頭証拠を取り調べることに，またはそうでなくとも適切な仕方で制限することができる。

第14条　私人の当事者が求めるときは，裁判所は集会を行わなければならない。ただし，案件が本案について審査すべきものでないとき，判断がその当事者に不利益でないときまたは集会がその他特段の事情に基づき必要でないときは，集会を行うことを要しない。

書面の交換

第 15 条　案件において相手方当事者がいるときは，裁判所はこの者に一定の期間内に答弁する機会を与えなければならない。裁判所は同時に，たとい裁判所に答弁が提出されなくとも案件は判断されうるであろうことについて教示をしなければならない。
　第 1 項は以下各号の場合には適用されない，──
　1.　案件がいかなる部分においても相手方当事者の不利益に判断されるであろうと考える理由を欠くとき，
　2.　相手方当事者が第 11 条に係るような行政機関であり，かつその機関に答弁の機会を与えることが不必要であるとき。

第 16 条　答弁をする機会を与えられた者は，裁判所が答弁は口頭ですることができる旨定めないときは，書面でこれをしなければならない。
　答弁において当事者は，案件における申立て，または案件が届出によって開始された時は案件で問題になる措置が許可される〔べき〕（medges）もしくは許可され〔るべきで〕ないかについて述べなければならない。申立てまたは措置が許可され〔るべきで〕ないときは，当事者はその理由および援用される証拠を述べなければならない。文書証拠は裁判所に提出されなければならない。

第 17 条　裁判所は当事者に一定の期間内に書面で意見を述べるよう命ずることができる。命令においてはたといこのような意見が裁判所に到達しなくとも案件は判断されうるであろうことに関する教示を掲げなければならない。

集会

第 18 条　裁判所は集会に当事者である者を呼び出さなければならない。ただし第 11 条により相手方当事者である公的機関は，裁判所がその公的機関の同

席が案件における調査上必要と認めるとき以外は呼び出すことを要しない。ただし公的機関は常に集会について通知されなければならない。

　呼出状においては当事者が集会に不出頭であることの第20条による意味に関する教示が掲げられなければならない。裁判所が当事者が自身出頭すべきであると認めるときは，裁判所は過料〔付きで出頭〕を命ずることができる。

　当事者の出頭のための費用の補償については，訴訟手続法第11章第6条が適用される。(法律1996：1653)

第19条　削除（法律2005：707）

第20条　当事者が集会に出頭しないことは，裁判所が案件について取り扱いかつ判断することを妨げない。地方裁判所において案件を開始した者または上級の裁判所において上訴人が出頭しないときは，案件はそれ以上の取扱いから除去される。

第21条　集会の際の公開および秩序等については訴訟手続法第5章第1条ないし第5条および第9条ないし第12条が適用される。

　集会中に，申立て，認諾，否認，主張，異議・抗弁（invändningar）および自白について生起する事項ならびに集会の際に提出された調査〔資料〕については記録がなされなければならない。集会が第13条により制限されたときは，このことも記録されなければならない。

　立証目的でなされる供述および検証の記録については訴訟手続法第6章第6条および第6条aが適用される。（法律2005：707）

情報を知る当事者の権利

第22条　案件は，当事者である者が当事者以外の者によって案件に供給された情報について知ることなく，かつこの情報について意見を述べる機会を得る

ことなしに判断されてはならない。

　ただし裁判所は，以下各号の場合にはこれが行われることなしに案件を判断することができる——

　1. 判断が当事者に不利益でないとき，
　2. 情報が意義を欠くとき，または
　3. なんらかの他の理由により当事者が情報について知ることが明らかに不必要であるとき。

　第11条により相手方当事者である公的機関については，それが無益であるときは第1項を適用することを要しない。

証拠調べ

第23条　証拠調べ一般については訴訟手続法第35章第1条ないし第7条および第10条ないし第12条が適用される。

　証拠として援用される文書証拠は，遅滞なく裁判所に提出されなければならない。証拠として援用されかつ裁判所に移動できるような物についても同様である。必要であるときは裁判所は，証拠を援用した当事者に対し一定の期間内にそれを提出するよう命ずることができる。命令においては，たとい当事者が証拠を提出しなくとも案件は判断されうるであろうことに関する教示を掲げなければならない。

第24条　集会の際は証人尋問を行うことができる。尋問は宣誓の下に行うことができる。その他，尋問については訴訟手続法第36章第1条ないし第18条および第20条ないし第25条が適用される。（法律2005：707）

第25条　文書証拠については訴訟手続法第38章第1条ないし第5条および第7条ないし第9条が適用される。検証については訴訟手続法第39章第1条，第4条および第5条が適用される。鑑定人については訴訟手続法第40章が適

用される,ただし第 11 条における訴訟手続法第 36 章第 19 条の引照を除く。(法律 2005：707)

保全措置および執行停止

第 26 条　それが著しく重要であるときは，裁判所は案件が判断されるまで案件に妥当するような保全措置について決定することができる。措置が関わる者は，遅滞が危険を生じないときはその前に意見を述べる機会を得なければならない。決定は何時でも変更することができる。
　上訴を審査すべき裁判所は，上訴された決定は当分の間執行してはならない旨決定することおよびその他事案に関する一時的決定をもすることができる。

決定

第 27 条　裁判所の決定は文書が包含するものおよびその他案件において生起したものに基づかなければならない。
　案件が申請または上訴によって開始されたときは，案件を判断する決定は申し立てられた事項を超えてはならない。ただし特段の理由が存する場合，なんらかの対立する私的利益にとって不利益でないときは，裁判所は申立てなしにも私人の当事者により有利な決定をすることができる。

第 28 条　裁判所が案件を判断する決定からは，決定が当事者に不利なものであるときは，その結果を決定した理由が明らかにならなければならない。必要であるときはその他の決定についても同様である。上訴された決定の確定を意味する決定においては，その理由が上訴された決定の理由から乖離するときにのみ理由を示すことを要する。

第 29 条　裁判所が案件を判断する決定は決定が告知されたのと同日，または

決定が集会の際に告知されたときは集会から1週間内に，当事者らに送付されなければならない。少数意見が存するときはこれも添付されなければならない。

第30条 決定に対し上訴することができる場合には，当事者らはこれに関する教示を得なければならない。

　決定が案件の判断を意味するときは，当事者らは上訴の際に遵守すべき事項に関する教示を得なければならない。案件が判断されていないときは，当事者らは申出により裁判所からこのような教示を得ることができることについて通知されなければならない。

　上訴にあたって審査許可が要求されるときは，当事者らはその旨およびこのような許可が与えられうる事由についても教示を得なければならない。

即時の執行

第31条 裁判所の決定の即時の執行については訴訟手続法第17章第14条が適用される。第26条による決定は直ちに執行することができる。

訴訟費用

第32条 私人が互いに相手方当事者である案件においては，裁判所は訴訟手続法第18章の適用をもって一方の当事者またはその法定代理人，代理人もしくは補佐人に対し，他方の当事者の案件における費用または裁判所において公費から支払われたものを償還するよう義務付けることができる。

書損および同様のものの更正

第33条 裁判所またはその他の者による書損，計算違いまたは同様の不注意の結果として明白な過誤を包含する決定は，裁判所が更正することができる。

裁判所が不注意により判断に関連して与えるべき決定をしなかったときは，裁判所は判断が与えられてから2週間内にこの点に関するその判断を補充することができる。

　明らかに不必要でないときは，当事者らは更正または補充がなされる前に意見を述べる機会を得なければならない。更正または補充は可能であれば決定の書面の写しに記入されなければならない。

決定の再審査

第34条　上訴による以外の仕方で開始された案件において地方裁判所は，その発した決定が新たな事情に基づき，またはその他の理由により明らかに不当であると認める場合，それが迅速および簡易にかつ私人の当事者に対して不利益になることなしになされうるときは，決定を変更しなければならない（再審査）。

　決定を変更する義務は，決定が上訴されるとしても妥当する。ただしこの義務は，地方裁判所が案件における書類を上級の裁判所に送致したとき，またはその他の場合において地方裁判所がその決定を変更することに反する特段の理由が存するときは妥当しない。

　再審査の問題が決定に対する上訴期間の経過後に初めて生じたときは，再審査をすることはできない。

第35条　地方裁判所の決定に対する上訴は，地方裁判所自身が第34条により再審査の後に上訴人が求めるように決定を変更するときは消滅する。この場合には第38条第4項は適用されない。

　裁判所が，上訴人が求めるのとは異なる仕方で決定を変更する場合，第38条第4項により却下がなされるべきでないときは，上訴はこの新たな決定を包含するものとみられなければならない。

裁判所の決定に対する上訴一般

第36条　決定は，それが彼または彼女の利益に反するときは，決定が関わる者から上訴することができる。

第37条　案件の判断を意味しない決定は，案件の判断を意味する決定に対する上訴と関連してのみ上訴することができる。ただし，以下各号の場合には別個に上訴することができる——

1. 裁判所の構成員に対する除斥・忌避の異議または案件の審査のための障害の存在に対する抗弁を棄却したとき，
2. 代理人または補佐人を排除した（avvisat）とき，
3. 案件に妥当する担保について決定し，または上訴された決定が当分の間執行できない旨もしくはその他事案に関する一時的な決定をしたとき，
4. ある者が裁判所の前に出頭することによる以外の仕方で協力すること，およびこの命令の不遵守は彼または彼女にとって特別の制裁を伴いうることを命じたとき，
5. 出版の自由に関する法律第3章第3条第2項第5号または表現の自由に関する基本法第2章第3条第2項第5号による審査の際に，それに係る情報が証人尋問にあたって供与されることが著しく重要であると認める命令をしたとき，
6. 人もしくは財産の調査もしくは拘束またはその他これに類する措置について決定したとき，
7. 過料を賦課しもしくは命令の不遵守のためのその他の制裁もしくは手続における軽罪のための刑罰を科し（utdömt），またはある者が手続の費用を償還すべき旨宣言したとき，
8. 案件におけるある者の協力のための補償に関する問題について決定したとき，または
9. 第8号に係る以外の場合において法律扶助法（1996：1619）による法律扶

助の問題について決定したとき。

　案件を下級の裁判所または行政機関に差し戻す決定は，決定が案件の結果に影響する問題の判断を包含するときにのみ上訴することができる。（法律1997：395）

第38条　決定に対し上訴しようとする者は，書面でこれをしなければならない。この書面は以下各号の場合には決定を告知した裁判所に決定の日から3週間内に到達しなければならない――
　1．決定が案件の判断を意味するとき，
　2．決定が集会の際に告知されたものであるとき，または
　3．集会の際に決定が告知される日時が示されたとき。
　その他の場合における上訴期間は上訴人が決定を知った日から3週間である。
　上訴人は審査許可が与えられることを支持するために援用する事情を示さなければならない。
　決定を発した裁判所は上訴が正当な期間内に提起されたか否かを審査し，および遅れてなされた上訴を却下しなければならない。上訴が却下されないときは，それ〔上訴状〕は案件におけるその他の書類とともに上訴を審査すべき裁判所に送付されなければならない。
　その他，上訴の際は第7条，第8条第1項ならびに第9条および第10条の規定が適用される。（法律2005：707）

地方裁判所の決定に対する上訴

第39条　地方裁判所の決定は高等裁判所に上訴される。
　高等裁判所が地方裁判所の決定を審査するためには審査許可が要求される。
　審査許可は以下各号の場合には与えられなければならない――
　1．地方裁判所が到達した主文の正当性を疑う理由が存するとき，

2．このような許可が与えられることなしには地方裁判所が到達した主文の正当性を判断することができないとき，

3．上訴が上級の裁判所によって審査されることが法適用の指導のために重要であるとき，または

4．そうでなくとも上訴を審査する顕著な理由が存するとき。

審査許可については訴訟手続法第49章第14条aも適用される。（法律2005：707）

高等裁判所の決定に対する上訴

第40条　高等裁判所の決定は最高裁判所に上訴される。

最高裁判所は最高裁判所が審査許可を与えたときにのみ上訴を審査することができる。ただしこれは，高等裁判所に対する上訴を却下する決定に対する上訴の際は妥当しない。

審査許可については訴訟手続法第54章の規定が適用される。

第41条　地方裁判所における案件が上訴によって開始された場合，上訴人が最高裁判所において初めて援用するような事実または証拠は，特段の理由が存するときにのみ顧慮されなければならない。

特別上訴

第42条　この法律による決定に対する，または上訴の際はこの法律により審査されたであろう決定に対する特別上訴については，訴訟手続法第58章第1条および第4条ないし第8条，第10条a第1項，第11条および第12条，第13条第1文ならびに第59章第1条ないし第3条および第5条第1項が適用される。顕著な理由が存するときは，再審は訴訟手続法第58章に定める場合以外においても行うことができる。

刑罰，過料および勾引

第43条　手続中の軽罪または裁判所によって命じられた守秘義務違反の犯罪のための刑罰については，訴訟手続法第9章第5条および第6条が適用される。
　過料および勾引については訴訟手続法第9章第7条ないし第10条が適用される。
　裁判所は職権で，訴訟手続軽罪のための責任およびこの法律の支持をもって命じられた過料の賦課に関する問題を取り上げなければならない。

文書の到達

第44条　文書は，文書または文書が同封されている郵券支払済みの郵便物に関する通知状が裁判所に到着し，または権限を有する職員の手元に達した日に裁判所に到達したものとみられる。裁判所が特別に裁判所宛ての電報が電報取扱企業に到着している旨の通知を受けた場合は，電報はすでにこの通知が権限を有する職員に達した時に到達したものとみられる。
　文書またはこれに関する通知状がある日に裁判所の事務局に交付され，または郵便局で裁判所のために分離された＊と考えられうる場合，それが直近の執務日に権限を有する職員の手元に達したときは，前者の日に到達したものとみられる。
　テレファックスまたはその他の原本に発信人の署名を欠く通知〔書面〕は，必要であれば署名のある原本によって発信人が確証されなければならない。裁判所がこのような確証を求めたがしかしこれを得られないとき，裁判所はこの通知を無視することができる。

　＊拙訳『スウェーデン訴訟手続法』33条の＊（186頁）を参照。

出頭に対する障害

第45条　集会に呼び出されたが出頭することができない者は，直ちに裁判所にその旨を届け出なければならない。

〔不出頭のための〕正当な理由については訴訟手続法第32章第6条ないし第8条が適用される。（法律 2002：383）

送達

第46条　裁判所がある者に文書の内容またはその他の事項について通知すべきときは，送達によって行うことができる。送達がとくに定められているとき，または通知に関する規定の目的にかんがみ送達が行われるべきことが明らかなときは，送達が用いられなければならない，しかしその他の場合には，事情にかんがみそれが必要とされるときにのみこれを用いるべきである。

代理人および補佐人

第47条　当事者である者は，代理人または補佐人を用いることができる。

　代理人または補佐人については訴訟手続法第12章第2条ないし第5条および第6条第2項が適用される。代理人のための代理権については訴訟手続法第12章第8条ないし第19条が適用される。ただし代理権授与の書面は，裁判所が必要と考えるときのほかは提出することを要しない。

通訳および文書の翻訳

第48条　通訳および文書の翻訳については訴訟手続法第5章第6条ないし第8条および第33章第9条が適用される。

1. この法律は 1996 年 7 月 1 日から施行する。
2. 本法によって裁判所案件の取扱いに関する法律(1946:807)は廃止される。
3. 決定が〔本法の〕施行前に告知されたときは，決定に対し上訴する権利および決定に対し上訴しようとする者が遵守すべき事項については旧規定が適用される。

第3　送達法

はじめに

　スウェーデンの送達法は裁判所のみならず全ての公的機関に適用される。私はかねて福祉国家とは言い換えれば一種の強大な行政国家であり、そこにおける厳格な法的コントロールの必要性・重要性を指摘してきた(最近のものとして、拙編著『スウェーデン法律用語辞典』(2007、中央大学出版部) iii 頁)。高度福祉国家として知られるスウェーデンでは行政手続と裁判手続との基本的同質性、別言すれば行政の司法化すなわち福祉国家における法の支配が貫徹しているのであるが、その相貌の一面を具現しているのがこの国の送達法だといってよい。しかも送達に関する書式を制定する所管庁は司法行政庁であり、その書式が裁判手続を超えて広く行政手続一般における送達についても用いられるのである。[*]いうまでもなく、送達は裁判手続における重要な一環を成しているから本法の翻訳はスウェーデン訴訟手続法の理解に資するけれども、それはそれとして、訳者としては上述したような行政手続と裁判手続との近似性にも読者の関心を惹くことができればと願っている。

　上述のとおり送達法はきわめて重要な法律というべきであるが、管見の限りこれに関する注釈書は見当たらず、概説書ないしガイドブックとしても僅かにBertil Werner, *Delgivning*, 2 uppl., Stockholm：Liber, 1980 があるのみである(以下、Werner として引用)。もっとも、この本は書式なども豊富に収録しており、現在でもすこぶる有用である。著者は高等裁判所判事で本法の立案作業に専門家として関与した。

　　[*]司法行政庁は、警察庁および郵便株式会社との協議のうえでこの書式を制定する(送達令 (1979：101) 17 条)。なお、送達令は以下「令」として引用する。

送達法（1970：428）

総則

第1条　法律またはその他の法令の定めにより，裁判所またはその他の公的機関のもとで訴訟事件〔以下，単に事件という〕または案件において送達（delgivning）が行われるべきときは，送達はこの法律により実施される。*

　ただし，他の法令においてある種の事件または案件における送達についてこの法律から乖離する規定が定められているときは，その規定が適用される。他の法令において明示的にそう定められていないとしても，公的機関が事件または案件の性質に基づき送達をこれらの条文〔第12条ないし第15条〕に述べる方式で行うことに反する特段の理由が存在すると認めるときは第12条ないし第15条を適用してはならない。

　　*送達が行われるべきか否かは，当該法令において名詞 delgivning，動詞 delge などの文言を用いているか否かで決定される。単に「送付される（sändas, tillställas）」とあるような場合には送達を要しない。もっとも，訴訟手続法の多くの条文などは呼出状や命令についてその通知の方式を定めておらず，また過料を定める各種の法規には送達に関する規定を欠くものが少なくないが，このような場合実務上は常に送達が行われている。本法の経過規定の表現もこの実務の正当性を支持する。（「…規定の目的にかんがみ送達がなされるべきことが明らかなときは，本法が適用される。」と定める。）なお上述のとおり送達については送達令（1979：101）がある。Werner, s. 12.
　　ちなみに土地法8章8条によれば，土地賃貸借の解約は書面によることを要し，かつこの書面は送達されなければならない（skall delges）が，この送達については送達法12ないし15条は適用されず，上記8条の定めるところによる。

第2条　送達は公的機関によって配慮される。

　当事者，申請人またはその他の事案保有者（sakägare）*が，送達について自身で配慮することを求める場合，それが不都合なく行われうるときは，公的機関

はこれを認めることができる。** このような場合においては公的機関は，彼に一定の期間内に送達に関する証拠を公的機関に提出するよう命じなければならない。このような証拠が所定の期間内に提出されないときは，公的機関は遅滞なく送達について自身で配慮しなければならない。

> *生硬な訳語だが，ここの文脈では他に適訳を思いつかない。パラフレーズすれば，当事者ではないけれども当該事案に密接な関係を有する者ということになろう。なお，一般的な意味としては『スウェーデン法律用語辞典』の sakägare の項を参照。
> **一般に「当事者送達（partsdelgivning）」とよばれる。この送達についてヴェルネルの著書は，通常送達，特別郵便送達，送達執行人送達，公示送達などと並ぶ別個の項目を設けて取り扱っている。なお，訴訟手続法 32 章 2 条参照。Werner, s. 87-90.

第 3 条　公的機関は受送達者（den sökte）に文書を送付することによって送達について配慮する。その際にはこの者が送付物を受領した証拠として送達領収書（delgivningskvitto）または受領証明書（mottagningsbevis）を求める（通常送達）。* 通常送達はまた，第 3 条 a による簡易送達または第 9 条第 3 項による株式会社に対する特別送達によって行うこともできる。

　送達領収書または受領証明書が適時に提出または取得されないであろうと考える理由が存するときは，政府が定める公的機関は，政府が定める郵便配送企業による特別の方法において受送達者に文書を交付することで送達について配慮することができる（特別の郵便送達）。**

　適切であるときは，公的機関は包括的でないかまたはそうでなくとも困難な内容でない呼出状，通知書およびその他の文書については，受送達者との電話の会話の際にその内容を読み上げ，かつその後にこの者に郵便で送付することによって送達することができる（電話送達）。このような送達は，召喚状の申請またはその他それによってその公的機関のもとでの手続が開始される文書に関することはできない。

　第 1 項ないし第 3 項による送達をすることができないときは，送達執行人（stämningsman）またはその他の第 24 条第 1 項によりその証明書が送達に関す

る完全証拠を成す者によって送達をすることができる（送達執行人送達）。***

第 15 条および第 16 条に係る場合においては，送達は公示によってすることができる（公示送達）。（法律 1997：268）

*本条は各種の送達方式について一般的な定めをしている。以下，これらの送達方式の理解のために有用と思われる若干の説明を加える。

まず，この通常送達には①郵便送達，②使者による送達，③受領証明書付きの書留郵便による送達の三つがある。なお，令 3 条ないし同条 b 参照。

①が圧倒的大多数の場合に最も迅速かつ効率的である。受送達者にとっても同封された送達領収書に記入して最寄りの郵便ポストに投函するだけで足りるので便宜である。

②は①の選択肢として用いられる。この場合には文書は使者によりまたはその他の仕方で受送達者の送達領収書と引換えに交付される。この送達方式はあまり用いられないが，事例としては受送達者がたまたま当該公的機関の構内にいる場合やその固定した事務所が公的機関の近くに所在する場合などが挙げられる。

③は公的機関と受送達者双方にとって①よりも煩雑かつ高価な送達方式である。郵便送達がしばしば不適切と認められる簡易訴訟や支払命令の事件においてはこの方式が適切でありうるとされる。受送達者が送達領収書を返戻するであろうことについて送達機関が十分に信頼できないときは，この方式をとるべき理由が存する。時効完成が間近な場合もそうである。Werner, s. 16-18.

**特別の郵便送達は令 4 条の別表に掲げる公的機関のみが用いることができる。その中には政府各省，裁判所，司法行政庁，執行官局，県中央行政庁などが包含される。送達の方式については令 5 条が定めている。

特別郵便送達には以下のものがある。
①本人送達に関する特別郵便送達
②一般的な特別郵便送達
③固定した事務所を有して事業活動をする自然人に対する特別郵便送達
④そこで管理が行われる固定した事務所を有する法人に対する特別郵便送達
⑤固定した事務所を有しない法人に対する特別郵便送達

①は名宛人本人にしなければならない送達である。例えば刑事事件における召喚状（起訴状）の送達の場合がそれである（訴訟手続法 33 章 6 条 1 項）。

②は事業活動をしていない自然人に対する送達で，かつ無条件で本人に送達すべき旨の規定が存しない場合の送達である。この場合には可能ならば名宛人本人

に送達すべきであるが，そうできないときは他の者に交付することができる（補充送達（surrogatdelgivning）―12条）。
③は固定した事務所を有して事業活動をする自然人に対する送達である。この送達は事件または案件が活動と関連を有する場合に限られない。送達物は事務所に宛てて送付される。
④はそこで管理が行われる固定した事務所を有する法人に対する送達である。この場合には法人が名宛人とされ，送付物は事務所に送付される。適切な場合は理事会の構成員に送ることもできる。この場合には法人に関する事件または案件について構成員または会社代表者（firmatecknare）の家族への補充送達を行うことはできない（13条3項）。
⑤は固定した事務所を有しない法人に対する送達である。この場合には理事会の構成員または会社代表者に対する送達が，通常の自然人に対する送達と同様に行われる。Werner, s. 29-34.
***送達執行人送達は最も困難かつ緊急を要する場合のために留保されている。送達執行人については23条およびその*を参照。

送達執行人送達には以下のものがある。令6条ないし10条d参照。
①本人送達に関するもの
②一般的なもの
③民事訴訟事件における召喚状の送達
④法人に対する送達

①は自然人に対する送達で，補充送達が許されない場合に関する。
②は自然人に対する送達（固定した事務所を有して事業活動を行う者を含む）で，補充送達が許されるか否か明文の規定が存しない場合である。この場合には補充送達が行われる（12条）。
③の場合は被告本人に送達すべきであるが，例外的に補充送達が認められている（訴訟手続法33章6条2項）。（④については説明省略。）
なお，送達執行人には行政法11条による除斥・忌避の規定が適用される。例えば，案件が自己，配偶者，両親，子ども，兄弟姉妹などに関する送達には関与することができない。Werner, s. 40, 46-49, 54.

第3条a 事情にかんがみ不適切でないときは，事件または案件における当事者またはこれに類する地位にある者に対する通常送達は，受送達者に郵便で彼の最近の知られた住所に文書を送付し，かつ遅くとも1日後に文書を送付した旨の通知を送ることによってすることができる（簡易送達）。

簡易送達は，受送達者が事件または案件において簡易送達が用いられるであろうことに関する情報について送達されている (har delgetts) ときにのみ用いることができる。ただしこのような情報は，申請または文書が公的機関に到達したことと密接に関連して情報が与えられるときは，公的機関のもとで手続を開始した者または事件もしくは案件において文書を提出した者に対しては送達されることを要しない。

簡易送達は第3条bによる以外の場合には召喚状の申請または公的機関のもとで手続が開始されるその他の文書についてしてはならない。(法律2001：236)

第3条b　支払命令もしくは通常簡易訴訟 (vanlig handräckning) またはヨーロッパ支払命令*に関する事件が異議 (bestridande) の後に地方裁判所，労働裁判所または国立上下水道・暖房設備紛争処理委員会 (Statens va-nämnd)**に送致された場合，被告が執行官局のもとでの取扱中に地方裁判所，労働裁判所または国立上下水道・暖房設備紛争処理委員会のもとでの事件において簡易送達が用いられうるであろうことに関する情報について送達されているときは，送致に関する原告の申出および事件におけるその他の文書は簡易送達によって被告に送達されうる。

地方裁判所のもとでの刑事事件における被告人は，彼または彼女が秩序罰金命令または訴訟手続法第48章第13条によりこのような命令によって処置されうる犯罪の捜査に関連して，刑事訴訟事件において簡易送達が用いられうるであろうことに関する情報について送達されているときは，召喚状の申請〔起訴状〕および事件におけるその他の文書は簡易送達によって送達されうる。(法律2008：882)

　　*ヨーロッパ支払命令とは越境事件（債権者・債務者とされる者が異なるEU加盟国に居住している事件）に関する支払命令のこと。
　　**この委員会については『スウェーデン法律用語辞典』の va-nämnden の項を参照。

第4条　送達の職務が属する者への電話，電報またはその他同様の仕方によ

る送達がなされるべき通知の伝達については，政府が定める。（法律 1978：768）

第5条　送達が行われるべき者が王国外に知られた住所を有するときまたは彼が王国外の場所に滞在しているときは，送達はその場所の法律によりすることができる。*　被害者，証人，鑑定人または訴訟手続法第36章第1条第2項および第3項に係る者の呼出しは，北欧の証人義務に関する法律（1974：752）が適用されない限り，他の国において送達が行われるべきとき過料付きですることはできない。（法律 2000：569）

> *スウェーデン法による送達方式を用いることは禁じられていない。本条の規定は当該外国法によりなされた送達がスウェーデンにおけるそれと異なるとしてもその効力が承認されるということを意味するに過ぎない。なお，スウェーデン法による外国での送達については通常送達のみが用いられうる。これができないときは送達の実施のために外務省の援助を求めることができる。Werner, s. 90.

第6条　送達の際は文書の原本または認証謄本が伝達される（överbringas）。公的機関のもとで作成された謄本については認証を要しない。

送達すべき文書が長大な（vidlyftig）性質のものであるかまたはその他の理由により文書を複製することが適切でないときは，公的機関はその代わりに公的機関のもとまたは公的機関が定める場所で利用できる旨決定することができる。*　このことおよび文書が利用できる日時に関する通知は，受送達者に送達される。

第2項は召喚状申請書または訴えを係属させるその他の文書の送達には適用されない。ただし，このような文書の附属資料については第2項を適用することができる。（法律 1990：1410）

> *「文書を利用させることによる送達」についてヴェルネルの著書は，通常送達，特別郵便送達，送達執行人送達，公示送達などと並ぶ別個の項目を設けて取り扱っている。この送達の必要はとくに行政手続において往々生ずる。受送達者が遠隔地に居住する場合は，最寄りの公的機関（検察庁，執行官局，税務機関等）で，例外的には公的機関以外の場所で文書を利用させるようにできる。Werner, s. 80-81.

送達を受けるべき者（den som skall sökas för delgivning）＊は誰か

>＊送達法は「送達が行われるべき者（den med vilken delgivning skall ske）」と「送達を受けるべき者（den som skall sökas för delgivning）」との区別のうえに構築されている。7条ないし11条から文書は若干の場合には前者でなく後者に伝達されるべきことが明らかである。通常送達の場合の主要原則は，文書は送達の名宛人に伝達されるべきだということである。Werner, s. 25.（ちなみにわが国では，受送達者とは「送達を受ける権限を有する者」で送達名宛人を意味し（民事訴訟法101条等参照），送達書類を現に受領する権限を有する者は必ずしも受送達者に限られず，「現に送達書類を受領した者」を「送達受領者」という（『注釈民事訴訟法（3）』（1995, 有斐閣）516頁（藤田耕三））。刑事訴訟における書類の送達については原則として民事訴訟に関する法令の規定（公示送達を除く）が準用される（刑事訴訟法54条）。）

第7条　私人に対する送達を行うべきときは，文書は彼に伝達される。彼に法定代理人がおりかつこの者が事件または案件において代理する権限を有するときは，文書は法定代理人に伝達される。＊そのための理由が存するときは，法定代理人および本人の両者に送達すべきである。＊＊

>＊本人は訴訟能力を欠くからである。ただし，本人自身があることを履行すべき旨の命令，例えば真実保証の下の尋問をするための出頭命令などは本人を名宛人とすべきである。Werner, s. 25.
>＊＊本人も訴訟能力を有する場合（例えば訴訟手続法21章1条の場合）。Werner, s. 25.

第8条　国に対する送達を行うべきときは，事件もしくは案件において国の手続行為（talan）を管理すべき（skall bevaka）公的機関または事件もしくは案件が係属する公的機関の所在する県における県中央行政庁に文書を伝達する。

第9条　国以外の法人に対する送達を行うべきときは，法人を代理する権利を有する者，または複数の者が共同して代理する権利を有するときはそれらの者のいずれかに文書を伝達する。権限を有する法定代理人を欠くが，しかし法人の事項（angelägenheter）を決定すべきものを招集する権利を有する者が存するときは，この者に文書を伝達する。

第 1 項による送達の試みが失敗したか，または送達の試みが成功する見込みがないと判断されるときは，送達は権限を有する法定代理人の代理者（suppleant）*に文書を伝達することによって行うことができる。代理者は遅滞なく法人を代理する権利を有する者に文書を引き渡さなければならない。

　第 1 項による株式会社に対する送達の試みが失敗したかまたは成功の見込みがないと判断され，かつ事情にかんがみ不適切でないときは，公的機関は株式会社に文書を郵便をもって送付し，かつ少なくとも 1 日後に文書を送付した旨の通知を送ることによって送達を行うことができる（株式会社に対する特別送達）。文書および通知は，会社庁（Bolagsverket）が作成する株式会社登録簿におけるその会社の登録された郵便上の住所に宛てて送付しなければならない。

　文書を遺産共有者である者（någon av dödsbodelägarna）に伝達することによる遺産財団に対する送達は，この者が遺産財団に居住するとき，または遺産財団が農業用単一体（lantbruksenhet）として課税される不動産を所有することを理由として送達がなされるときにのみ行うことができる。文書を受領した遺産共有者は，遅滞なくこの送達について他の共有者に知らせなければならない。

　遺産財団に居住する遺産共有者は，たとい遺産財団が遺産共有者らによって管理されていないとしても文書を受領することができる。このような場合において彼は，文書を遅滞なく遺産財団を代理する権利を有する者に引き渡さなければならない。（法律 2004：237）

　　*一般に団体の理事会の正規の構成員の補充者（ersättare）を意味する。年次総会などで選出される。（もっとも，かつての地方自治体法（kommunallagen）などでは suppleant と ersättare とが区別して用いられていた。）

第 10 条　総有地（samfällighet）の共有者または団体（sammanslutning）の構成員に対して送達を行うべく，かつ理事会または総有地もしくは団体の事項を管理するために選任されたその他の者が存するときは，文書を理事会の構成員または管理人に伝達することによって行うことができる。理事会または管理人を欠くが，しかし総有地または団体の事項を決定すべきものを招集する権利を有す

る者が存するときは，この者に文書を伝達することができる。

　第1項による送達の試みが失敗したかまたは見込みがないと判断されるときは，送達は文書を理事会の構成員の代理者に伝達することによって行うことができる。

　鉱区が複数の者に属するときは，その共有者に対する送達は文書を鉱区支配人（gruvföreståndare）＊に伝達することによって行うことができる。

　本条により文書を受領した者が共有者もしくは構成員の手続を追行する権利を有しないときは，彼は文書をこのような権限を有する者に引き渡すか，または送達が関わる者にこのことを知らせなければならない。（法律1990：1410）

　　＊鉱物法（minerallag）（1991：45）12章2，3条参照。鉱区共有者は鉱区支配人を選任しなければならず，またこの者はスウェーデンに居住することを要する。

第11条　送達が行われるべき者が事件または案件における代理人を有するときは，代理人が受領する権限を有する文書は代理人に伝達すべきである（bör）。文書が本人に伝達されるときは，代理人はこのことについて通知されるべきである。＊

　代理権から異なる結果が生じないときは，代理人は手続書面（inlagor），決定およびその他の文書を受領する権限を有する。ただし，本人が自身出頭することまたはそうでなくとも自身何事かを履行すべき旨の命令に関する文書についてこれは妥当しない。

　ある種の事件または案件における代理権について，他の法令において第2項から乖離する定めがなされているときは，その規定が適用される。

　　＊この通知は通常郵便で代理人に文書のコピーを送付するのが適切である。Werner, s. 26.

受送達者以外の者に文書を交付することによる送達

第12条 送達が行われるべき私人が王国内に知られた住所を有し，かつそこで彼に出会えないときは，文書は彼が属する家族（hushåll）の成人の構成員に交付することができる。このような者にも出会えないときは，同一の家屋に居住する受送達者の家主，または家主の代わりにその家屋を管理（tillsyn）しかつそこに居住するその他の者に文書を交付することができる。受送達者が固定した事務所で事業活動を行い，かつ彼にそこで通常の労働時間内に出会えないときは，そこで雇用されている者に事務所で文書を交付することができる。

その就業場所で私人に送達を行うべきであるが彼にそこで通常の労働時間内に出会えないときは，受送達者の雇主に文書を交付することができる。雇主とは，企業の指揮的もしくはこれと同様の立場にある者または受送達者の就業場所における人事管理活動の長を意味する。

文書が第1項または第2項に述べる仕方で交付されたときは，これに関する通知を受送達者に対しその通常の住所のもとに郵便で送らなければならない。
（法律 1990：1410）

第13条 国以外の法人に対しては，そこで管理がなされかつそこで法人のために送達を受領する権利を有する者が通常その仕事（sitt arbete）をする事務所を有するところ，しかし彼に通常の労働時間中に事務所で出会えないときは，そこで雇用されている者に事務所で文書を交付することができる。送達が地方自治体に対して行われるべき場合，地方自治体のために送達を受領する権限を有する者に通常の労働時間内に事務所で出会えないときは，そこで管理がなされる事務所に文書を差し置く（lämnas）こともできる。

文書が第1項に述べる仕方で交付されたときは，これに関する通知を法人に対しその通常の住所のもとに郵便で送らなければならない。

法人が第1項に係る事務所を有するときは，代表者（företrädare）に対する送達は第12条により行うことができない。

第14条　第12条または第13条により文書を交付された者は，文書ができる限り速やかに受送達者に手渡されるよう配慮（tillse）しなければならない。彼は文書が彼に交付される時，そのことについて注意されなければならない。

公示送達等

第15条　送達を受けるべき者が知られた住所を欠き，かつ彼がどこに滞在するかが判明しないときは，送達は公示によって行われる。

　受送達者が王国内に知られた住所を有するが，しかし彼または第12条により文書を交付できる者に出会えずかつ彼〔前者〕がどこに滞在するかが判明しない場合，受送達者が逃亡しまたはその他の仕方で身を隠すと考える理由が存するときは，公示送達を用いることができる。公的機関はその代わりに文書を封緘して受送達者の住所に差し置くか，またはそれができないときは彼の住居のドアに固定して差し置くべき旨決定することができる。*

　　*この措置は一般に spikning（固定することの意）といわれる。Werner, s. 78.

第16条　不特定の範囲の者に対する送達は，公示によって行う。
　公示送達は以下各号の場合にも用いられる——
1. 大多数の者に送達されるべく，かつ第6条第2項によりその各人に文書または通知を伝達することが送達の目的にかんがみ許容できる（försvarligt）よりも多くの費用および手数を意味するであろうとき，
2. 第10条に係る共有者または構成員が知られた理事会または管理人によって代理されずかつ招集権者もおらず，さらに共有者または構成員が10人を超えるとき，
3. 法人が現行法規に違反して，登録された権限を有する代理人を欠き，かつスウェーデンに居住する者が法人の名において送達を受領するために選任されておらず，さらに第9条および第11条ないし第13条による送達の試みが失敗したかまたは見込みがないと判断されたとき，または

第3　送達法　59

4. 株式会社が第9条第3項により送達のために用いられうる登録された郵便上の住所を欠くとき。（法律1997：268）

第17条　公示送達は，文書が一定の期間公的機関のもとまたは公的機関が定める場所で入手できることによって，かつこれに関する通知および文書の主要な内容が「郵便および内国時報」*ならびに地元の新聞またはこれらのいずれかに，公示送達の決定の日から10日間掲載されることによって行う。** 新聞における掲載を無意味と考える特段の理由が存するときは，その代わりに通知を同一期間公的機関の所在場所で掲示することができる。この手続はまた，第15条により公示送達をしかつその後に同一の事件または案件において新たな送達をすべきときも用いることができる。加えて，同一不動産内の建物を貸借するかまたはそうでなくとも占有する者に対する第16条第2項第1号に係る場合における送達の際は，公示送達に関する決定から10日間適切な仕方で不動産内に通知を掲示しなければならない。***

　第16条第1項ならびに第2項第1号および第2号に係る場合においては加えて，送達が係る全員が入手できるために受送達者の1人または複数の通常の住所のもとに通知が郵便で送られる。送達が係るものの中に国家的公的機関または地方自治体を包含するときは，このような通知は常に公的機関または地方自治体に送られなければならない。送達が第16条第2項第1号に係る場合において同一不動産内の建物を貸借するかまたはそうでなくとも占有する者に関するときは，この手続が送達の目的にかんがみ許容できるよりも多くの費用および手数を伴わないであろうならば，文書または第6条第2項による通知は彼らの各人に郵便で送られなければならない。

　第16条第2項第3号に係る場合において法人が登録された郵便上の住所を有するときは，通知は加えてこの住所のもとでの法人に郵便で送られる。（法律1997：268）

　　*郵便および内国時報（Post- och Inrikes Tidningar）は，その起源が18世紀末に遡る

スウェーデンの官報というべきもの。現存する世界最古の新聞といわれる。2007年からインターネットのみの形式になったが，その後も少なくとも毎号1部は印刷されるとのことである。
**公示に関する細則は，公的機関等のもとでの訴訟事件または案件における公示に関する法律（1977：654）および公示令（1977：827）に定められている。Werner, s. 70.
***建物に掲示板がないときは主要な出入口（複数の主要な出入口があるときまたは同一不動産に複数の建物があるときはその全て）の見やすい箇所に掲示すべきである。令12条。Werner, s. 75.

その他の規定

第18条　送達にあたっては，同一の事件または案件において文書が送達されるべき者（den som skall delges）の相手方当事者である者に文書を交付してはならない。*

*例えば離婚訴訟の当事者がまだ同居している場合，弁論への呼出状を名宛人の当事者が不在のとき相手方当事者に交付してはならない。Werner, s. 32.

第18条ａ　ある送達方式が用いられるために受送達者が逃亡したかまたはその他の仕方で身を隠すと考える理由が存すべきときは，その判断は受送達者に対する他の送達の試みの際に生起した事情にも基づくことができる。（法律1995：638）

第19条　文書がいかなる仕方で彼に到達したかにかかわらず，送達される者自身が文書を受領したことによって送達は行われている。受送達者が使者により引き取られた受領証明のある郵便物を有するときは，それは使者が引き取ったのと同日に彼に到達したものとみられなければならない。

　特別の郵便送達または送達執行人送達の際に送達を受ける者が文書の受領を拒否することが生ずるときは，送達はそれにもかかわらず行われたものとみられる。

送達は以下の場合にはそれによって行われたものとみられなければならない——

第6条第2項により文書が入手できかつ通知が送達されたとき，

第3条aにより郵便で通知が送られてから2週間が経過し，かつ事情にかんがみ2週間の経過前に文書が受送達者の最近の知られた住所に到達したことについて相当な蓋然性がないとは考えられない時，

第3条第3項，第12条または第13条によりそこで定められているように履行されたとき，

第9条第3項により郵便で通知を送ってから2週間が経過し，かつ事情にかんがみ2週間の経過前に文書が登録された郵便上の住所に到達したことについて相当な蓋然性がないとは考えられない時，

第15条第2項末文により文書が受送達者の住所に差し置かれたかまたは彼の住居のドアに固定して置かれたとき，

第17条により同条第1項に定めるところが履行されたという前提の下で公示送達の決定の後10日目が了したとき。（法律1997：268）

第20条　命令またはその他の決定が弁論，尋問またはその他の集会の際に発せられる場合は，同席する者に対する送達は決定が発せられた時に行われたものとみられる。公的機関は求められたときは速やかに（skyndsamt）決定の正本（utskrift）を与えなければならない。

第21条　送達がこの法律において述べる仕方で行われなかったときは，公的機関は新たな送達を命ずることができる。事件または案件において彼に対する送達が適式な仕方で（på behörigt sätt）行われなかった旨の異議を提出しようとする者は，できる限り速やかに（så snart det kan ske）それをしなければならない。

第22条　文書の送達に関するこの法律の規定は文書以外の送達についても適用される。

本法は，法令の規定に基づきある者が事件または案件との関連なしに送達について配慮すべき時，適用できる部分が適用される。＊第 15 条または第 16 条に係る場合においては，彼はその費用で送達を企図する〔場所の〕県中央行政庁のもとに援助を求めることができる。本条による送達問題における県中央行政庁の決定は，一般行政裁判所に上訴することができる。
　行政高等裁判所への上訴の際は審査許可が要求される。（法律 1995：20）

　　＊例として土地および建物の賃貸借契約の解約の場合が挙げられている。Werner, s. 9.

第 23 条　警察機関は各警察区において必要とされる数の送達執行人を任命する。（法律 1978：768）

　　＊送達執行人は警察官の養成教育を受けた者ではないが，警察機関は例外的な場合には送達執行人送達に警察官を用いることができる。令 7 条。Werner, s. 42.

第 24 条　送達が証明書において述べる仕方で行われたことの完全証拠として，送達執行人，スウェーデンの在外公館の職員，検察官，警察官，執行官，執行官局の執行職員ならびに以下各号の施設のいずれかの職員が職務上作成した証明書が妥当する，すなわち──
　1．刑事保護施設，
　2．拘置所，
　3．年少者の保護の特則に関する法律（1990：52）第 12 条および若干の場合における濫用者の保護に関する法律（1988：870）第 22 条に係るホーム（hem），
　4．司法精神医学的保護に関する法律（1991：1129）第 6 条第 1 項および司法精神医学的検査に関する法律（1991：1137）第 5 条に係るような施設（enhet），
　──送達がそこ〔上記各施設等〕に収容されている者に係るときは。＊同一の証拠力（vitsord）が公証人の証明書および地方裁判所の名における送達の際の地方裁判所の参審員の証明書に与えられる（tillkommer）。
　特別郵便送達の際は，第 3 条第 2 項に係る郵便配送企業の職員の証明書が第 1 項に述べるような証拠力を有する。

送達が外国の場所で行われたことの証明書は，証明書発行者の権限がスウェーデン在外公館の職員によって認証されるときは，証明書に述べる仕方で送達がなされたことの完全証拠として妥当しなければならない。外国の場所における送達に関する証明書は，上述のような認証なしでもそれが外国との合意に従うものであるときは完全証拠として妥当する。(法律 2006：750)

　　＊この―（ダッシュ）は原文にはないが，文意を明確にするために訳者において付した。なお，次文までが第1項である。念のため。

第25条　当事者，申請人またはその他の事案保有者は公的機関の配慮によって行われる送達の費用を負担する義務を負わない。
　公的機関以外の者が送達について配慮すべき場合は，彼は送達執行人に依頼するか，または外国の場所において送達を行うべきときは外務省のこれに関する援助を求めることができる。

第26条　不動産所有者，不動産賃借人または居住用建物の占有者は，送達執行人または第24条第1項もしくは第2項に述べるその他の者の求めに基づき，送達を受ける者がその不動産もしくは建物に居住しているか，またはそうでなくともそこで空間を支配している（disponerar）か否かについて開示する義務を負う。公有地用益権者＊は不動産所有者と同視される。(法律 1985：266)

　　＊公有地用益権者については『スウェーデン法律用語辞典』の tomträtt の項を参照。

第27条　使用者は送達執行人または第24条第1項もしくは第2項に述べるその他の者の求めに基づき，送達を受ける者が彼のもとに雇用されているか否かについて開示し，雇用されているときは，受送達者の労働時間，就業場所ならびに雇用に関しかつ送達を容易にしうるその他の事情について知らせる義務を負う。(法律 1985：266)

第28条　第26条および第27条に述べるところは，受送達者と訴訟手続法第

36章第3条に掲げるような関係にある者については適用されない。（法律1985：266）

第29条 送達を実施するために，送達執行人，検察官，警察官，執行官および執行官局の執行職員は住居を構成しない私的区域に立ち入る権利を有する。
　警察官以外の者が，彼が第1項により権利を有する立入りを拒否されるときは，警察機関は彼の求めに基づき援助を与えなければならない。警察官は警察機関の決定の後に自身立ち入ることができる。（法律2006：684）

第29条a 送達のために警察機関に交付された送達物は，その内容が受送達者に対する送達のために他の警察機関に伝達されうるため必要であるときは，警察機関が開封することができる。ただし上述したところは，委託者が送付物を開封してはならない旨表示しているときは妥当しない。（法律1990：1410）

第30条 第27条による情報を与えることを故意に怠った者または誤った情報を与えた者は，金額罰金に処せられる。（法律1991：297）

　この法律は1971年1月1日から施行する。
　法律またはその他の法令においてこの法律の規定によって代替された規定への引照が存在するときは，その代わりにこの新たな規定が適用される。呼出し，命令またはその他の通知に係る規定については，規定の目的にかんがみ送達がなされるべきことが明らかなときは，本法が適用される。

第4 仲裁法

はじめに

　本稿は，スウェーデン仲裁法の全訳と訳文の理解に役立つと思われる若干の注記を付したものである。

　私はスウェーデンの仲裁法について，その立法作業段階の法案について翻訳・紹介し，*立法化がなされるとともにその全訳と解説を行った。**本稿ではその後における法改正などに基づく補筆・修正をこころみた。テキストとしては Sveriges Rikes Lag 2010 を用いた。

　旧訳の発表後に，下記のとおり同法に関する詳細な文献が刊行され，しかもその英語版も存在する。

　Lars Heuman, *Skiljemannarätt*, 2 uppl., Stockholm：Norstedts　Juridik. 英語版は *Arbitration Law of Sweden : Practice and Procedure*, New York: Juris Publishing, 2003.

　Finn Madsen, *Skiljeförfarande i Sverige—En kommentar till lagen (1999:116) om skiljeförfarande och till reglerna för Stockholms Handelskammares Skiljedomsinstitutet,* 2 uppl., Stockholm：Jure, 2009. 英語版は *Commercial Arbitration in Sweden : A Commentary on the Arbitration Act (1999:116) and the Rules of the Arbitration Institute of the Stockholm Chamber of Commerce,* 3rd ed., New York：Oxford University Press, 2007.

　わが国においてスウェーデン仲裁法に関心を有する方々の大部分は英語に堪能な仲裁関係の実務家，研究者であろうから，上記のような英語文献の充実という状況を考えると，今さら法文の翻訳に訳文の理解に役立つ限りでの簡単な注記を付した程度のものを日本語で発表する必要などあまりないかも知れない

とも考えた。しかし，以下のような理由から本稿を公にすることにした次第である。

第1に，私は目下『［翻訳］スウェーデン手続諸法集成』というスウェーデンの訴訟手続法以外の主要な手続法関係の法律の翻訳書を作る仕事に取り組んでいるのであるが，その一つとしてやはり仲裁法は逸することのできない重要な法律だからである。それに，訴訟法の研究者であるとともに，長年スウェーデン法に関心を寄せてきた者の，スウェーデン語のテキスト・文献に基づく訳文は，スウェーデン仲裁法の理解をいささかなりとも深めうる面があろうかと考える。

第2に，この機会に旧訳に散見する誤記，不適切な記述を修正したいからである。もっとも，訳文を基本的に拙訳『［翻訳］スウェーデン訴訟手続法』(2009，中央大学出版部）と整合性をもつように改めたのだが，同書はかなり直訳主義に徹しているので，あるいは日本語としては旧訳のほうがこなれている面があるといえるかも知れない。

第3はいわずもがなの主観的な理由であるが，私にとってスウェーデン仲裁法との付合いはすでにその誕生前の旧法時から始まっているので，その誕生後しばらく疎遠になっていた新生児が，ほぼ10年を経てどう成長しているかを新たな翻訳作業を通じて確かめてみたい，という一種のノスタルジアからである。

文献の引用は原則として Finn Madsen の前掲注釈書（スウェーデン語版，英語版の双方，後掲のとおり頁数を前者は s. 後者は p. で表示）と proposition （理由書を含む国会提出の法案）に限った。他の法律の拙訳では，紙幅の関係上 proposition 自体からの引用頁を示していないのだが，旧訳では掲げているし，あえて削除するのも惜しい気がするので，そのまま残すことにした。また，上掲の Heuman の著書，拙訳『［翻訳］スウェーデン訴訟手続法—民事訴訟法・刑事訴訟法—』，拙編著『スウェーデン法律用語辞典』(2007，中央大学出版部）も引用することがある。

旧訳で引用した Kvart och Olsson, *Tvistlösning genom skiljeförfarande*, Stockholm：Norstedts Juridik, 1999 は省略した。ちなみに，前稿では言及しなかったが，彼らの共著として注釈書 *Lagen om skiljeförfarande—En kommentar*, Stockholm：Norstedts Juridik 1999 がある。

引用の際の略語は以下のとおり。

Prop.= Regerings proposition 1998/99:35 *Ny lag om skiljeförfarande*.

Madsen（頁数を s. で表示）= Finn Madsen, *Skiljeförfarande i Sverige—En kommentar till lagen (1999 : 116) om skiljeförfarande och till reglerna för Stockholms Handelskammares Skiljedomsinstitutet*, 2 uppl., Stockholm : Jure, 2009.

Madsen（頁数を p. で表示）＝ Finn Madsen, *Commercial Arbitration in Sweden : A Commentary on the Arbitration Act (1999 : 116) and the Rules of the Arbitration Institute of the Stockholm Chamber of Commerce*, 3rd ed., New York : Oxford University Press, 2007.

Heuman（英）= Lars Heuman, *Arbitration Law of Sweden : Practice and Procedure*, New York : Juris Publishing, 2003.

『スウェーデン法律用語辞典』＝拙編著『スウェーデン法律用語辞典』（2007，中央大学出版部）

拙訳『スウェーデン訴訟手続法』＝拙訳『［翻訳］スウェーデン訴訟手続法―民事訴訟法・刑事訴訟法―』（2009，中央大学出版部）

＊拙稿「スウェーデンの新仲裁法案について―訳文と若干の注解など―」『民事訴訟法学の新たな展開　中村英郎教授古希祝賀論文集　上巻』（1996，成文堂）所収。
＊＊拙稿「スウェーデン新仲裁法―全訳と解説など―（上）（下）」『JCA ジャーナル』47巻6，7号（2000）所収。以下，これを「旧訳」，「前稿」（訳文以外に言及するとき）ということにする。

仲裁手続に関する法律（1999：116）*

*本法に加えて，仲裁に関する重要なルールとしてストックホルム商工会議所仲裁規則（Skiljedomsregler för Stockholms Handelskammares Skiljedomsinstitutet, Rules of the Mediation Institute of the Stockholm Chamber of Commerce）がある。Madsen の注釈書はこの規則に関する説明も含んでいる（本法の各関連条文の末尾に）。Madsen, s. 23-24, p. 5. なお，本法と UNCITRAL 模範法との関係については Madsen, s. 48-49, pp. 34-35 を参照。

仲裁契約

第1条 当事者（parterna）*が和解を締結することができる問題に関する争いは，契約により1人または複数の仲裁人*の判断に付託することができる。このような契約は，契約において示された法律関係に関する将来の争いに関わるものでありうる。争いはある事実の存在に関わるものでありうる。

当事者は，契約の解釈から生ずるところを超えて契約を補充**することも，仲裁人に付託することができる。

仲裁人は，当事者間における競業法上の民事法的効果についても審査することができる。

> *parterna は複数であるが，以下，訳文では文脈上とくに誤解が生ずるおそれがない限り，原文が複数でも「当事者」と訳する。また，本法において「仲裁人」の語は一般に複数（skiljemän）で表現されているが，1人の仲裁人（skiljeman）による仲裁が許容されることは本条1項1文から明らかである。以下，訳文では誤解を生ずるおそれがない限り，複数仲裁人も含めて「仲裁人」という単数表現を用いる。
> **「補充」は立法顧問院の提案に基づき，調査会法案の utfylla を komplettera に改めたものである。仲裁人の権限が裁判所の有する通常の意味における契約の補充よりも広範なものであることを，後者のほうが適切に表現すると考えられたからである。Prop. s. 212, Madsen, s. 80, p.75. なお，調査会法案については「はじめに」の*の拙稿，立法顧問院については『スウェーデン法律用語辞典』の lagrådet の項を参照。

第2条＊　仲裁人は争いを判断する自己の権限について審査することができる。このことは裁判所が当事者の申立て (begäran) に基づき，この問題について審査することを妨げない。仲裁人は裁判所の判断があるまで仲裁手続を進行することができる。

　仲裁人が手続中の決定において自ら争いを判断する権限があると認めたとしても，その決定は拘束力を有しない。権限に関する判断を含む仲裁判断に関する訴えについては，第34条および第36条の規定が適用される。

　　＊仲裁人は当事者の申立てがないのに自己の権限について審査する義務を有しないが，申立てにかかわりなく，仲裁適格性の有無や仲裁判断が公序に反して無効となりうるか否かに関する争いについて審査すべきである。Prop. s. 214, Madsen, s. 92, p. 86.

第3条　他の契約の一部を構成する仲裁契約の有効性が，仲裁人の権限の審査の際に判断されるべき時は，仲裁契約は別個の契約としてみられなければならない。

第4条＊　裁判所は当事者が争うところを超えて，仲裁契約により仲裁人が審査すべき問題について審査することができない。

　仲裁契約に関する抗弁は，当事者が裁判所において本案について訴えを追行すべき第1回のときに提出しなければならない。事後に提出された抗弁は，当事者が正当な支障の理由を有し，かつその支障が止んだ後速やかに提出されないときは，効力を有しない。仲裁契約に関する抗弁は，それを行う当事者が，支払命令または簡易訴訟に関する事件 (ett mål om betalningsföreläggande eller handräckning)＊＊ において仲裁契約に包含される問題の執行官局＊＊＊による審査を許容されるとしても顧慮されなければならない。

　裁判所は争いが仲裁人によって処理される間またはその前に，仲裁契約とかかわりなく，法律により裁判所が発する権限を有する保全処分に関する決定を発することができる。(法律2006：730)

＊本条は訴訟障害としての仲裁契約の効果等について定める。1項は，裁判所は職権で契約内容の仲裁適格性の問題を判断することはできるが，その他の事実については当事者が主張しない限り判断できないということを意味する。Prop. s. 215, Madsen, s. 100, pp. 95-96.

＊＊英訳は a case administered in an expedited collection procedure または a case concerning expedited collection procedures。（後者は旧訳で引用した Kvart och Olsson の訳語 — s.189.） betalningsföreläggande, handräckning については，『スウェーデン法律用語辞典』のそれぞれの項を参照。

＊＊＊法律2006：730による法改正は，kronofogdemyndighet を Kronofogdemyndigheten と語頭を大文字に，語尾を定冠詞にしただけで，「執行官局」という意味には変わりがない。

第5条　当事者は以下各号の場合には，訴訟手続障害として仲裁契約を援用する権利を喪失する。当事者が――

1. 仲裁判断の申立てを争ったとき，
2. 適時に仲裁人を選任することを怠ったとき，または
3. 仲裁人への補償のための担保として求められた彼の部分を適時に供与しなかったとき。

第6条　事業者と消費者との間の争いが，主として個人的使用のために供給される物品，役務またはその他の用益（nyttighet）＊に関するとき，争いの発生前に締結された仲裁契約は効力を有しない。ただし，土地および建物の賃貸借に関する契約において不動産賃貸借紛争処理委員会または建物等賃貸借紛争処理委員会＊＊が仲裁廷（skiljenämnd）に指定されており，土地法第8章第28条または第12章第66条の規定から異なる結果が生じないときはこの限りでない。

　第1項は労働協約に基づく，または集団契約に基づきかつ集団の代表者により処理される，保険者と保険契約者との間の契約に関する争いには適用されない。第1項はスウェーデンの国際的義務から異なる結果が生ずるときも適用されない。

＊不動産，動産，有価証券，各種の権利を含む。Madsen, s. 114, p.110.

第 4　仲裁法　71

**不動産賃貸借紛争処理委員会，建物等賃貸借紛争処理委員会については，『スウェーデン法律用語辞典』の arrendenämnd の項を参照。

仲裁人

第 7 条　自己自身およびその財産を管理する能力を有する全ての者は，仲裁人になることができる。*

> *仲裁人はこの要件の有無を職権で顧慮しなければならない。もっとも，この要件を欠く仲裁人が関与した仲裁判断は無効でなく，その効力を排除するには取消訴訟が必要である。Prop. s. 217, Madsen, s. 115-116, p.114.

第 8 条*　仲裁人は中立的（opartisk）でなければならない。

仲裁人の公平性を減弱させるような事情が存するときは，当事者の申立て（yrkande）に基づき仲裁人はその職務から排除されなければならない。以下各号の場合にはこのような事情が常に存在するものとみられなければならない――

1.　仲裁人自身もしくは仲裁人の近親者が当事者であるか，またはそうでなくとも争いの結果からかなりの（beaktansvärd）** 利益もしくは損害が予期されうるとき，

2.　仲裁人もしくは仲裁人の近親者が，当事者である会社もしくはその他の団体の理事会の構成員であるか，またはそうでなくとも当事者もしくは争いの結果からかなりの利益もしくは損害が予期されうる者の法定代理人であるとき，

3.　仲裁人が鑑定人として，もしくはそうでなくとも争いの結果について見解を示し，または当事者が争いについて訴えを準備し，もしくは追行するのを援助したとき，または

4.　仲裁人が第 39 条第 2 項に違反する補償を受け取り，または要求したとき。

> *スウェーデン法においては，伝統的に訴訟手続のみならず行政手続でも除斥・忌

避（jäv）に関する法規整が厳格かつ詳細である。本条にもこのことが反映されている（4号は仲裁法プロパーの問題であるが）。本条については拙訳『スウェーデン訴訟手続法』（2009，中央大学出版部）4章13条およびその注記（24-25頁）も参照。

**英訳は considerable または worth attention（後者は旧訳で引用した Kvart och Olsson の訳語— s.190）。

第9条　仲裁人としての職務を引き受けることを求められた者は，直ちに第7条または第8条により彼（den vidtalade）が仲裁人であるための障害になると考えられうる全ての事情を開示しなければならない。仲裁人は当事者および他の仲裁人に，全ての仲裁人が選任されるや否や速やかにこのような事情について，およびその後仲裁手続中に彼が新たな事情を知るや否や速やかにこれについて通知しなければならない。*

*ある事情が除斥・忌避事由を構成するかどうか疑わしい場合，これを黙秘したことは問題を積極に判断する方向に働くファクターとなる。Prop. s. 219, Madsen, s. 129, p.127.

第10条　仲裁人が第8条に述べる事情に基づきその職務から排除されるべき旨の申立ては，仲裁人が選任されたことおよびこの事情について当事者が知った日から15日内に提出しなければならない。* 当事者双方が審査は他の者によってなされるべき旨定めていないときは，申立ては仲裁人によって審査される。**

申立てが認容されたときは，決定に対し上訴することはできない（inte angripas）。

申立てを棄却し，または遅れて提出された申立てを却下する決定に不服を有する当事者は，地方裁判所のもとに仲裁人が職務から排除されるべき旨申請する（ansöka）ことができる。申請は当事者が決定を受領***した日から30日内にしなければならない。仲裁人は地方裁判所の判断があるまで仲裁手続を進行することができる。

＊この期間は調査会法案では 30 日だったのを，とりわけ UNCITRAL 模範法（以下，「模範法」という）の規定との合致などを考慮して 15 日に短縮したものである。Prop. s. 89.
　＊＊単独仲裁人の場合には，その仲裁人が審査することになる。Prop. s. 219, Madsen, s. 132, p.130.
　＊＊＊この受領（通知）の方式は，送達法（1970：428）による送達であることを要しない。Prop. s. 220, Madsen, s. 133, p. 131. なお，送達法については本書第 3 を参照。

第 11 条　当事者は第 10 条第 1 項に述べる申立てが仲裁制度機関（skiljedomsinstitutet）によって終局的に審査されるべき旨定めることができる。＊

　＊疑義のある場合には，審査が終局的でないものと考えるべきである。当事者が違約して裁判所の審査を求めた場合，裁判所は弁論主義に関する訴訟法上の一般原則にしたがい相手方の抗弁があったときにこの問題を判断すべきだとされる。Prop. s. 220-221, Madsen, s. 137, p. 135.

第 12 条　当事者は仲裁人の数および選任の仕方について定めることができる。
　当事者が異なる定めをしていないときは，第 13 条ないし第 16 条が適用される。
　地方裁判所は第 14 条ないし第 17 条に述べる以外の場合においても，当事者双方がそう定めており，かつ当事者のいずれかが求めるときは，仲裁人を選任しなければならない。

第 13 条　仲裁人は 3 人でなければならない。各当事者が 1 人の仲裁人を選び，そしてこれらの選ばれた者が第 3 の者を選任する。

第 14 条　当事者が各自仲裁人を選ぶべく，かつ当事者の一方が第 19 条による仲裁判断の申立てにおいて相手方当事者に自己の仲裁人の選択（val）＊について通知したときは，相手方当事者はこの受領の日から 30 日内に，第 1 の当事者に書面で自己の仲裁人の選択について通知する義務を負う。
　このような仕方で自己の仲裁人の選択について相手方当事者に通知した当事者は，相手方当事者の同意なしにその選択を撤回することができない。

相手方当事者が所定の期間内に仲裁人の選任を怠るときは，第1の当事者の申請に基づき地方裁判所は仲裁人を選任しなければならない。

　　＊英訳はここでは choice だが，appointment になっている箇所もある。本訳稿では「選択」に統一した。

第15条　仲裁人が他の仲裁人らによって選任されるべく，しかし彼らがその最後の者が選択された日から30日内にそうすることを怠るときは，地方裁判所は当事者の申請に基づき仲裁人を選任しなければならない。

　仲裁人が当事者または仲裁人以外の者によって選任されるべく，しかし仲裁人の選任を欲する当事者が仲裁人を選任すべき者にそうするよう要請した日から30日内にそれが行われないときは，地方裁判所は当事者の申請に基づき仲裁人を選任しなければならない。仲裁人が当事者共同で選任されるべく，しかし当事者の一方が相手方当事者からその通知を受領することによって問題が提起された日から30日内に彼らが意見の一致をみないときも同様である。

第16条＊　仲裁人が辞任しまたは職務から排除されたときは，地方裁判所は当事者の申請に基づき新たな仲裁人を選任しなければならない。仲裁人が選択後に生じた事情に基づき職務を行うことができないときは，本来の選択を行うことになっていた者は，その代わりに新たな仲裁人を選任しなければならない。この選択にあたっては第14条および第15条が適用される。新たな仲裁人を選任するための期間は，仲裁判断を求めた当事者のためにも30日で，かつ全ての当事者について仲裁人を選任すべき者がこのことを知った日から算定される。

　　＊辞任または排除が仲裁人の選任前に生じた事情による場合は地方裁判所が，その後に生じた事情による場合は本来の選択を行うことになっていた者が，新たな仲裁人を選任する。Prop, s. 223, Madsen, s. 155-156, p.155.

第17条　仲裁人が手続を遅延させたときは，地方裁判所は当事者の申請に基

づき，仲裁人を職務から排除し，かつ他の仲裁人を選任しなければならない。当事者はその代わりに，この申請が仲裁制度機関によって終局的に審査されるべき旨定めることができる。

第18条　当事者が地方裁判所に第12条第3項または第14条ないし第17条により仲裁人を選任すべき旨の申請をした場合，裁判所は仲裁手続のための法的要件が欠けることが明らかなときにのみ申請を拒否する（avslå）ことができる。

手続

第19条　当事者が異なる定めをしていない場合は，仲裁手続は当事者が第2項による仲裁判断の申立てを受領した時に開始される。

　仲裁判断の申立ては書面でし，かつ以下各号の事項を包含しなければならない――

1. 明示的かつ無条件の仲裁判断の申立て，
2. 仲裁契約に包含され，かつ仲裁人が審査すべき問題に関する情報，および
3. 当事者が仲裁人を選任すべき時彼の選択に関する情報。*

＊理由書によれば，選択された仲裁人が職務を引き受けていることを前提とする。Prop. s. 224. しかし，この見解に対して学説は法文の文言からはそう読めないとして反対である。Heuman（英），pp. 305-306, Madsen, s. 168, p.171.

第20条　仲裁人が複数であるときは，その1人が長に選出され（utses）なければならない。当事者または仲裁人が異なる定めをしていないときは，他の仲裁人らまたはその代わりに地方裁判所が選出した仲裁人が長でなければならない。

第21条　当事者は争いを中立的，合目的的かつ迅速に取り扱わなければなら

ない。彼らはその際支障がない限り当事者双方が定めたところを遵守しなければならない。

第22条* 当事者は〔仲裁〕手続の場所**を定める。そうしないときは，仲裁人が手続の場所を定める。

　当事者が異なる定めをしていないときは，仲裁人はスウェーデンまたは国外の他の場所において集会を行うことができる。

　　*仲裁手続の場所は外国仲裁と内国仲裁との区別その他の面で重要である（43，44，48，52条参照）。仲裁判断には仲裁手続の場所が表示され（31条2項），それが正当なものと推定される。Prop. s. 225, Madsen, s. 197, p.200.
　　**英訳は the place of arbitration。

第23条* 仲裁判断を申し立てる当事者は，仲裁人が定める期間内に仲裁申立書に示された問題に関する自己の請求（yrkande）およびこれを支持するためにその当事者が援用する事実（omständigheter）を述べなければならない。その後に相手方当事者は，仲裁人が定める期間内に請求に対する自己の見解およびこれを支持するために相手方当事者が援用する事実を述べなければならない。

　仲裁判断の申立てをする当事者は新たな請求を，および相手方はその固有の請求を，各請求が仲裁契約に包含され，かつ仲裁人においてそれらが提出された時点またはその他の事情にかんがみその審査を不適切と考えないときは，提出することができる。同様の要件の下に当事者は各自，仲裁手続中に従前提出した請求を変更または補充し，および請求（talan）を支持する新たな事実を援用することができる。

　第1項および第2項は，当事者がこれと異なる定めをしたときは適用されない。

　　*仲裁人は仲裁契約の枠内における訴えの変更や反訴請求，相殺の申立てを許容するのに寛大であるべきことが推定されているといわれる。また，仲裁契約に包含されない請求を提出することも可能である。これに対して相手方がなんら異議を述べ

ないならば，彼は取消訴訟においてこの瑕疵を主張することができなくなる。Prop. s. 226, Madsen, s. 201-203, pp.205-206.

第24条 仲裁人は当事者に，全ての必要な範囲でその事件を書面または口頭で追行する機会を与えなければならない。当事者の一方が求め，かつ当事者らが異なる定めをしていないときは，付託された問題について判断する前に口頭弁論を行わなければならない。

当事者は争いに関し，かつ相手方または他の者から仲裁人に提供された全ての文書およびその他の資料について知る機会を与えられなければならない。

当事者の一方が正当な理由なく弁論に欠席し，またはその他の面で仲裁人の命令を遵守することを怠るとき，このことは取扱いを進行し，かつ争いを存在する資料に基づき判断することの支障とならない。

第25条 当事者は立証の責めを負う。ただし仲裁人は，両当事者（båda parterna）が反対しないときは，鑑定人を任命することができる。

仲裁人は証拠の申出を，それが争いにおいて意義を欠くことが明らかなとき，または証拠調べを申し出た時点にかんがみ却下すべき理由があるときは，却下することができる。

仲裁人は宣誓または真実保証＊を行わせることができない。彼らはまた，申し出られた証拠調べを実施するために過料を命じ，またはその他の強制手段を用いることもできない。

当事者が異なる合意をしていないときは，仲裁人は当事者の申立てに基づき，手続中に相手方が仲裁人によって審査されるべき請求（anspråk）を保全するための措置をとるよう命ずることができる。仲裁人はこの措置を求める当事者に，この措置により相手方に生じうる損害のために合理的な担保を供与すべき旨命ずることができる。＊＊

＊真実保証については拙訳『スウェーデン訴訟手続法』37章2条およびその＊（208

頁）を参照。
　**この措置は執行力を有しない。仲裁人がとりうる措置には証拠方法の保全も含まれる。立法過程においては，明文の規定がなくても現行法上このような措置は可能であること，この措置は強制手段を欠くから本規定の適用は仲裁人の権威を失墜させることなどを理由として反対意見も強かった（立法顧問院を含めて）。しかし模範法17条にかんがみ本項が導入された。Prop. s. 74, 229, Madsen, s. 222, pp.225-226.

第26条　当事者が証人または鑑定人を宣誓の下に，または当事者を真実保証の下に尋問することを欲するときは，当事者は仲裁人の許可の後，地方裁判所のもとにこれに関する申請をすることができる。当事者が当事者または他の者に，証拠として文書または物件を提出すべき旨の命令を求めることを欲するときも同様である。仲裁人が調査上この措置が相当である（är befogad）と認めるときは，彼らは申請に許可を与えなければならない。この措置のための法的要件が存するときは，地方裁判所は申請を認容しなければならない。
　訴訟手続法の規定は第1項に係る措置について適用される。仲裁人は証人，鑑定人または当事者とともに尋問に呼び出され，かつ質問をする機会を与えられなければならない。仲裁人の尋問への欠席は，尋問を実施するための障害を構成しない。

仲裁判断

第27条　仲裁人に付託された諸問題は，仲裁判断によって判断される。仲裁人がこれらの問題を判断することなく仲裁手続を終了するときも，それは仲裁判断によってなされる。
　当事者らが和解するとき，仲裁人は彼らの申立てに基づき，仲裁判断において和解を確証する（stadfästa）*ことができる。
　仲裁判断中に掲げられないその他の判断は，決定と表示される。
　仲裁人の職務は，第32条または第35条から異なる結果が生じない場合は，終局的な仲裁判断を発した時に終了したものとみられる。

> *「確証」については『スウェーデン法律用語辞典』の stadfästelse の項を参照。

第 28 条 当事者の一方が申立てを取り下げる場合，相手方において仲裁人が申立てを審査することを求めないときは，仲裁人は争いのこの部分を除去し（avskriva）*なければならない。**

> *「除去」については拙訳『スウェーデン訴訟手続法』13 章 5 条の*（71 頁）を参照。英訳は dismiss。
> **この除去は申立て全部の取下げの場合は仲裁判断によってなされるが，そうでない場合は決定による。Prop. s. 231, Heuman（英），p.419.

第 29 条 争いの一部または争いの判断のために有意義なある問題は，両当事者が反対しないときは，別個の仲裁判断によって判断することができる。ただし，相殺に援用される債権は主債権と同一の仲裁判断において審査されなければならない。

当事者が申立ての全部または一部を認諾したときは，認諾された部分について別個の仲裁判断を発することができる。

第 30 条 仲裁人が正当な理由なく問題に関する仲裁廷の審査への関与を怠るとき，このことはその余の仲裁人が問題を判断する妨げとならない。

当事者が異なる定めをしていないときは，仲裁廷の見解として判断に関与する仲裁人の多数が一致した見解*が妥当しなければならない。いずれの見解も多数〔過半数〕に達しないときは，長の有する見解が妥当しなければならない。

> *見解（mening, 英訳は opinion）とは結論を意味し，その理由の一致は要求されない。Madsen, s.245, p.250.

第 31 条 仲裁判断は書面でし，かつ仲裁人が署名しなければならない。全ての仲裁人が署名していないことの理由が仲裁判断に示されているときは，その判断は仲裁人の多数が署名していれば足りる。当事者は仲裁人の長が仲裁判断

に単独で署名するよう定めることができる。＊

仲裁判断には，それが発せられた日および仲裁手続の場所を示さなければならない。

仲裁判断は直ちに当事者に交付されなければならない。＊＊

　＊当事者は少数意見の表示を求める旨定めることもできる。Prop. s. 233. 本法は少数意見に関する明文規定を欠く。そこで，仲裁人は少数意見表示の無条件の権利を有するか，それとも多数決でこれを禁止することができるかが問題になりうるが，学説はスウェーデンの法伝統にかんがみ積極に解する。Heuman（英），pp.499-500. なお，スウェーデンの仲裁判断における少数意見の表示の問題については，拙稿「判決・仲裁判断と少数意見の表示」判例タイムズ1167号（2005）所収参照。
　＊＊交付は送達によることを要せず，通常の郵便で足りる。Prop. s. 232-233, Madsen, s.254, p.260.

第32条　仲裁人において仲裁判断に仲裁人もしくはその他の者による書損，計算違いまたは同様の不注意の結果として明白な過誤を包含すると認めるとき，または仲裁人の不注意により仲裁判断において処理されるべき問題を判断しなかったときは，仲裁判断を発した日から30日内にこの判断の訂正または補充を決定することができる。彼らはまた，当事者のいずれかが仲裁判断を受領した日から30日内に申し立てるときは，仲裁判断を訂正もしくは補充し，または仲裁判断の主文を解釈することができる。

仲裁人が当事者のいずれかの求めにより訂正または仲裁判断の主文の解釈について決定するときは，仲裁人が当事者のこれに関する申立てを受けた日から30日内に行わなければならない。仲裁人が判断を補充するときは，60日内に行わなければならない。

仲裁人が本条による決定を行う前に，当事者双方はこの措置について意見を述べる機会を与えられなければならない。

仲裁判断の無効および仲裁判断の取消し

第33条＊　仲裁判断は以下各号の場合には無効である——

1.　スウェーデン法によれば仲裁人が判断できない問題の審査を包含するとき，
2.　仲裁判断または仲裁判断の成立の仕方が，明らかにスウェーデンにおける法秩序の基礎＊＊と合致しないとき，または
3.　仲裁判断が第31条第1項の書面性および署名に関する規定を充足しないとき。

無効は仲裁判断の一部について問題となりうる。

> ＊本条の事由は裁判所が職権で調査すべき事項である。スウェーデンまたはEUの競業法違反も2号の問題になりうる。1号と2号との限界は必ずしも明らかでないが，いずれに該当するかの問題は若干の場合には実際的意義を欠くであろうとされる。Prop. s. 142, 234, Madsen, s.262-263, p.271.
> ＊＊英訳は the fundamental principles of the Swedish law または the basic principles of Swedish legal system（後者は旧訳で引用した Kvart och Olsson の訳語 - s.198）。

第34条＊　第36条により攻撃することができない仲裁判断は，以下各号の場合には当事者の異議取消しの訴え（klander）＊＊に基づき全部または一部を取り消さなければならない——

1.　それが当事者間の有効な仲裁契約に包含されないとき，
2.　仲裁人が当事者の定めた期間の経過後に判断を発したとき，またはそうでなくとも彼らがその職務をゆ越したとき，
3.　第47条によれば仲裁手続がスウェーデンにおいて行われるべきでなかったとき，
4.　仲裁人が当事者の合意またはこの法律に反して選任されたとき，
5.　仲裁人が第7条または第8条に述べる事情に基づき仲裁人となる適格を有しなかったとき，または
6.　そうでなくとも当事者に起因せず，事件の取扱いにおいて結果に影響し

たことに相当な蓋然性のある（sannolikt）***過誤が存在したとき。

　異議なくまたはその他の仕方で手続に関与することによって，その事実を主張するのを放棄したとみられる当事者は，それを援用する権利を有しない。当事者が仲裁人を選任したということのみによって，彼が付託された問題を判断する仲裁人の権限を承認したものとみてはならない。当事者は第8条に述べる事情を援用する第1項第5号による権利を喪失しうることが，第10条および第11条から導かれる。

　訴えは当事者が仲裁判断を受領した日から3月内，または第32条による訂正，補充もしくは解釈が行われたときは当事者が終局的な文言の仲裁判断を受領した日から3月内に提起しなければならない。当事者は期間の経過後はその訴えを支持する新たな取消原因を主張することができない。

　　*1項1号と2号との限界は不明確であるが，実際的意義を欠くであろうとされる。Prop. s. 235, Madsen, s.269, p.279.
　　**英訳は challenge。本条の事件は klandertalan とよばれるが，これは challenge proceedings と英訳されている。Heuman（英），p.592, Madsen, s.267, p.276. klandertalan はスウェーデン法上遺言の取消しの訴え（相続法14章5条）その他の場合が規定されている。
　　***この訳語については，拙著『訴訟における主張・証明の法理―スウェーデン法と日本法を中心として―』（2002，信山社）411頁など参照。ここでの英訳は probably。

第35条　裁判所は仲裁人に仲裁手続を再施し，あるいは仲裁人の見解によれば無効または取消しの原因を除去するその他の措置をとる機会を与えるために，以下各号の場合には，若干の期間仲裁判断の無効または取消しに関する事件を延期することができる――

1. 裁判所が事件における請求を認容されるべきものと認め，かつ当事者の一方が延期を求めたとき，または
2. 両当事者が延期を求めたとき。

　仲裁人が新たな仲裁判断を発するとき，当事者は裁判所が定める期間内に召喚状の申請*なしに，再施された手続または最初の仲裁判断の変更に起因する

範囲において仲裁判断に対する異議取消しをすることができる。(法律2000：180)

> *「召喚状の申請」とは訴え提起の原則的形態で，わが国における訴状（の提出）に相当する。拙訳『スウェーデン訴訟手続法』13章4条およびその*（70頁）を参照。

第36条* 仲裁人が彼らに付託された問題を判断することなく手続を終了したことを意味する仲裁判断は，当事者の訴えによってその全部または一部が変更されうる。この訴えは，当事者が仲裁判断を受領した日から3月内，または第32条による訂正，補充もしくは解釈が行われたときは当事者が終局的な文言の仲裁判断を受領した日から3月内に提起しなければならない。仲裁判断には仲裁判断を攻撃しようと欲する当事者がなすべき事項に関する明白な教示を包含しなければならない。

第42条に係る問題のみに関する第1項による訴えは，仲裁判断において仲裁人が自ら争いを審査する権限を有しないと認めたことを意味するときにのみ許容される。仲裁判断がその他のことを意味するときに決定を攻撃しようとする当事者は，第34条の規定により仲裁判断に対する異議取消しをすることができる。**

> *旧仲裁人法の規定は明示的に（本案の）仲裁判断のみに異議取消しの訴えの適用範囲を限定していたが，判例は本案の審査をすることなく手続を終了する決定に対しても，その類推適用を認めてきた。1項1文はこの判例法を明文化したものである。当事者が本条の訴えをしなければ，仲裁判断は確定して既判力を生ずる。Prop. s. 154-155, Madsen, s. 290-291, pp.301-302.
> **2項が1文と2文の場合を区別しているのは，後者の場合には仲裁人が審査の権限を有するからである。Prop. s.155, 238, Madsen, s. 292, pp.303-304.

仲裁判断の費用

第37条* 当事者は連帯して仲裁人にその労働および支出に対する合理的な補償を支払わなければならない。ただし，仲裁人が仲裁判断において争いを審

査する権限を有しない旨宣言したときは，仲裁判断を申し立てなかった当事者は特別の事情が起因した範囲でのみ支払の責めを負う。

　仲裁人は終局的仲裁判断において，彼らに対する補償および仲裁判断が発せられた日の1月後に到来する日からの利息を支払うよう当事者を義務付けることができる。補償は仲裁人ごとに別個に示さなければならない。

　　*仲裁人と当事者は，補償の範囲やその確定の仕方について合意で定めることができる（39条）。利率については利息法（1975：635）6条1文が適用されるが，国際仲裁では異なる定めもありうる。この問題は終局的には裁判所が判断するところによる。Prop. s.239, Madsen, s.298, p.310.

第38条　仲裁人は補償のための担保を求めることができる。*彼らは個々の請求（yrkande）ごとに別個の担保を定めることができる。**当事者が仲裁人の定めた期間内に求められた担保の自己の部分を供与しないときは，相手方当事者は全部の担保を供与することができる。求められた担保が提供されないときは，仲裁人は手続を全部または一部終了することができる。

　仲裁人は手続中に支出を償うために担保を充てることを決定することができる。終局的仲裁判断において仲裁人への補償が定められ，かつこの部分の判断が執行可能になった後，当事者が仲裁判断による自己の支払義務を履行しないときは，仲裁人は担保を支払に充当することができる。担保はその財産の果実も包含する。

　　*仲裁廷を構成する個々の仲裁人は担保を求める権利を有しない。Prop. s.239, Madsen, s.304, p.315.
　　**2文は，当事者（被告側）が相手方当事者（原告側）の提起した請求の審査の遅延，妨害のために自己の請求を提示した後この請求に属する部分の担保を支払わないことを防ぐ意図による。本文は抗弁（相殺の申立てを含む）については妥当しない。Prop. s. 240, Madsen, s.304-305, p.316.

第 4　仲裁法　85

第 39 条　第 37 条および第 38 条の規定は，当事者が共同で〔仲裁人と〕仲裁人に対し拘束的な仕方で異なる定めをしたときは適用されない。*

　当事者が共同で〔仲裁人と〕締結したものでない仲裁人に対する補償に関する契約は無効である。ただし，当事者の一方が担保の全部を提供したときは，彼は仲裁人がその行った労働の補償の支払に担保を充当することを単独で承諾することができる。

　　*本項の定めは，全ての当事者と 1 人または複数の仲裁人との間でなされる。Prop. s. 240-241, Madsen, s.310, p.321, Heuman（英），p.558.

第 40 条　仲裁人は，補償が支払われるまで仲裁判断を留保することができない。

第 41 条*　当事者または仲裁人は，仲裁人らへの補償に関する仲裁判断に対し地方裁判所に訴えを提起することができる。この訴えは当事者によるときは仲裁判断を受領した日から 3 月内に，仲裁人によるときは仲裁判断が発せられた日から同一の期間内に提起しなければならない。第 32 条による訂正，補充または解釈が行われたときは，当事者による訴えは終局的な文言を有する仲裁判断を受領した日から 3 月内，仲裁人による訴えは仲裁判断が終局的な文言を得た日から同一の期間内に提起しなければならない。仲裁判断は，仲裁判断の当該部分について訴えを提起しようと欲する当事者がなすべき事項に関する明白な教示を包含しなければならない。

　仲裁人への補償を減額する判決は，訴えを提起しなかった当事者に対しても効力を有する。

　　*訴えは費用決定のどの部分を攻撃しようとするのか明らかにすることが重要である。費用の分配の問題であるときは，訴えは他の当事者に向けられるのに対して（34, 36 条参照），仲裁人への補償に関するときは仲裁人（1 人または複数）に向けられなければならない。前者の訴えに基づき仲裁判断を取り消す判決は，後者の決定の取消しを伴わない。

理由書によれば，仲裁人以外の者（機関）によりなされた仲裁人への補償に関する決定が仲裁判断に取り入れられているとき（ICC やストックホルム商工会議所の仲裁機関が管理する仲裁手続の場合），この決定には本条は適用されない。これが従前の支配的見解であって，このような決定は執行できないという結果を伴った。しかし，最高裁は近時ストックホルム商工会議所仲裁の決定に関する事案においてこの見解を否定した（2008 年 12 月 3 日決定）。Prop. s. 241, Madsen, s.313-314, p.313. 英語版はまだ同旨の第一，二審判決にのみ言及。

第 42 条*　当事者が異なる合意をしていないときは，仲裁人は当事者の申立てに基づき，相手方当事者に対し申立当事者の費用の償還を命じ，および仲裁人への補償が終局的にいかに当事者間に分配されるべきかについて定めることができる。仲裁人の命令においては，当事者が求めたときは，利息に関する定めも包含することができる。

　*分配の問題については原則として裁判所による実体的審査は行われない。Prop. s. 242, Madsen, s.318, p.330.

管轄問題および提訴期間

第 43 条　第 33 条，第 34 条および第 36 条による仲裁判断に対する訴えは，その裁判管轄区内で仲裁手続が行われた高等裁判所によって取り上げられる。仲裁手続の場所が仲裁判断において示されていないときは，訴えはスヴェア高等裁判所に提起することができる。*

　高等裁判所の判断に対しては上訴することができない。ただし高等裁判所は，法適用の指導のため最高裁判所によって上訴が審査されることが重要であるときは，その判断に対する上訴を許可することができる。

　仲裁人への補償に関する訴えは，仲裁手続の場所の地方裁判所によって取り上げられる。仲裁手続の場所が仲裁判断において示されていないときは，訴えはストックホルム地方裁判所に提起することができる。**

　*この管轄規定は専属的であるとともに任意的であり，管轄違いを理由に訴えを却

下するには当事者の抗弁が必要である。さらに当事者は訴訟手続法により書面で管轄の合意をすることができる（10章16条）。Prop. s. 242, Madsen, s.322, pp.335-336.
**仲裁人への補償に関する訴えは，上記の訴えと異なりそれほどの迅速性の要請などはないので，3項は地方裁判所を管轄裁判所としたのである。なお本項は，仲裁契約において仲裁手続がスウェーデンで行われることになっているのに管轄裁判所が欠けている場合，契約の有効性に関する訴えに類推適用されると解されている。
Prop. s.174-175, 242, Madsen, s. 321-322, p.335.

第44条* 仲裁人の選任またはその職務からの排除に関する申請案件は，当事者のいずれかが住所を有する地における地方裁判所または仲裁手続の場所における地方裁判所によって取り上げられる。申請は，ストックホルム地方裁判所によっても取り上げられうる。相手方当事者は申請が認容される前に，可能であれば意見を述べる機会を与えられなければならない。申請が仲裁人の職務からの排除に関するときは，その仲裁人も聴くべきである。

第26条による証拠調べに関する申請は，仲裁人が定めた地方裁判所によって取り上げられる。このような決定が欠けているときは，申請はストックホルム地方裁判所によって取り上げられる。

地方裁判所が仲裁人の選任またはその職務からの排除に関する申請を認容したときは，この決定に対して上訴することはできない。第10条第3項による地方裁判所の判断に対しても上訴することができない。

> *本条の案件は詳しくは裁判所案件法（1996：242）によって取り扱われる。当事者双方が外国に居住し，かつ仲裁手続の場所も確定できないときは，当事者はストックホルム地裁に申請することができる。Prop. s. 243, Madsen, s. 323-324, pp.337, 339. なお，裁判所案件法については本書第2を参照。

第45条 法律または契約により一定の期間内に当事者が訴えを提起すべく，しかし訴えが仲裁契約に包含されるときは，当事者は所定の期間内に第19条により仲裁判断を申し立てなければならない。

仲裁判断が適法な期間内に申し立てられたが，仲裁手続に付託された問題が

既判力をもって判断されることなく終結し，かつそれが当事者の過失に基づかない場合，当事者が仲裁判断を受領した日から，または仲裁判断が取り消され，無効と宣言され，もしくは第36条による仲裁判断に対する訴えが許容されなかった（lämnats utan bifall）*ときは，これに関する判決が確定力を取得した日から30日内に仲裁判断を申し立て，または裁判所に訴えを提起したときは，適法な期間内に〔第1項の〕訴えを提起したものとみられなければならない。

　＊英訳は has been dismissed。

国際的関係

第46条　この法律は争いが国際的関連を有するとしても，スウェーデンにおいて行われる仲裁手続に適用される。

第47条*　この法律による仲裁手続は，仲裁契約上手続がスウェーデンにおいて行われるべきことを意味しているか，もしくは仲裁人もしくは仲裁制度機関が契約にしたがい手続がスウェーデンにおいて行われることを決定するか，またはそうでなくとも相手方当事者がこれに同意するときは，スウェーデンにおいて開始することができる。

　この法律による仲裁手続は，仲裁契約が国外で手続が行われるべきことを意味していない場合，相手方当事者が国内に住所を有するか，そうでなくともスウェーデン裁判所に争いについて提訴されうるときも，スウェーデンにおいて開始することができる。

　その他の場合には，この法律による仲裁手続は，スウェーデンにおいて行うことができない。

　＊ルガーノ条約，ブリュッセル条約およびブリュッセル1規則の規定は仲裁契約に適用されないけれど，当事者間に仲裁手続がスウェーデンで行われるべき旨の仲裁契約が締結された場合には，いずれの当事者も仲裁の有効性についてスウェーデンの裁判所に訴えを提起することができると解されている。理由書はスウェーデンの

裁判権の範囲は異議取消し，無効または仲裁人への補償などのいかんを問わないと述べている。Prop. s. 187, 244, Madsen, s. 332-333, p.349.

第48条* 仲裁契約が国際的関連を有するときは，この契約には当事者が合意した法律が適用されなければならない。当事者がこのような合意を締結していないときは，当事者間の契約の支持をもって手続が行われているか，または行われるべき国の法律が適用される。

　第1項は，当事者が仲裁契約を締結する能力を有していたか，または適法に代理されていたか否かに関する問題については適用されない。

　　*本法は適用されるべき実体法の選択に関する明確な基準を包含していない。もっとも，立法作業段階では多くの方面から，適用実体法規を簡単・明確な方法で確定できることが望ましい旨の意見が表明された。Prop. s. 194-195, Madsen, s.338, p.356.

第49条 仲裁契約に外国法が適用されるとき，以下各号の場合以外には第4条が契約に包含される問題に適用される——

　1．適用される法律によれば，契約が原始的・後発的に無効（ogiltigt, utan verkan）*であるかまたは実現できないものであるとき，または

　2．スウェーデン法によれば争いが仲裁人によって判断できないものであるとき。

　裁判所は仲裁契約の障害なしに，法律により裁判所が発する権限を有する保全処分に関する決定を与えることができることは，第4条第3項から明らかである。

　　*英訳は invalid, inoperative。

第50条 スウェーデンにおける仲裁手続の下での証拠調べについて第26条および第44条に述べるところは，手続が仲裁契約に基づき，かつ付託された問題がスウェーデンの法律によれば仲裁人によって判断できるものであるときは，国外において行われる仲裁手続についても適用される。

第 51 条* 当事者のいずれもスウェーデンに住所**または営業場所***を有しない場合，商事関係については明示的な書面による合意をもって第34条に述べる仲裁判断の取消原因の適用を排除または制限することができる。

このような合意に包含される仲裁判断は，外国仲裁判断に適用される規定にしたがいスウェーデンにおいて承認され，かつ執行される。

> *本条の契約は「例外契約」とよばれる。この例外契約は 33 条の無効原因には及ばないことに留意すべきである。なお，外国の会社がスウェーデンに子会社を有することはこの例外契約を締結することを妨げない。Prop. s. 246, Madsen, s.346-347, pp.365-366.
> **住所は訴訟手続法 10 章で用いられる住所概念による。 Prop. s. 246, Madsen, s. 347, p.366. 拙訳『スウェーデン訴訟手続法』10 章 1 条およびその*（50 頁）を参照。
> ***営業場所の概念の指標としては訴訟手続法 10 章 5 条によるべきである。Madsen, s. 347 vid not 1076, p.366, footnote 67. 拙訳『スウェーデン訴訟手続法』10 章 5 条を参照。

外国仲裁判断等の承認および執行

第 52 条 国外でなされた仲裁判断は，外国仲裁判断とみられる。

この法律の適用にあたっては，仲裁判断は手続の場所が所在する国においてなされたものとみられる。

第 53 条 仲裁契約に基づく外国仲裁判断は，第 54 条ないし第 60 条から異なる結果を伴わないときは，スウェーデンにおいて承認され，かつ執行される。

第 54 条 外国仲裁判断は，仲裁判断が不利益に援用される当事者が以下各号の事実を証するときは，スウェーデンにおいて承認し，かつ執行することができない――

1. 適用される法律によれば，当事者に仲裁契約を締結する能力が欠けていたか，もしくは適法に代理されなかったこと，当事者の合意により適用され

るべき法律によれば仲裁契約が無効であること，または仲裁判断がなされた国の法律にこの点に関するなんらの言及も欠けていること，

2．仲裁判断が不利益に援用される当事者が仲裁人の選任もしくは仲裁手続について適式な手続による通知を与えられず，または彼が他の理由により事件を追行できる状態になかったこと，

3．仲裁判断が当事者の仲裁判断に関する申立てが意図しなかったか，もしくはこれに包含されない争いを処理するものであること，または仲裁判断が仲裁契約に属しない問題に関する決定を包含すること，ただし〔仲裁人の〕職務に包含される問題に関する決定が，職務外に属する決定から分離できるときは，職務に包含される仲裁判断の部分は承認され，かつ執行される。

4．仲裁廷の選任，その構成もしくは仲裁手続が当事者が契約したところに反するか，またはこれに関する契約が欠けているときは手続が行われた国の法律に反すること，または

5．仲裁判断がまだ当事者に対して拘束力を生じていないか，またはそれがなされた国の，もしくはその法の下にある権限を有する公的機関によって廃棄されたか，もしくは執行が延期されていること。

第55条　外国仲裁判断は，裁判所が以下各号の事実を認めるときも承認し，かつ執行することができない――

1．仲裁判断がスウェーデンの法律によれば，仲裁人が判断することのできない問題の審査を包含すること，または

2．仲裁判断を承認しまたは（eller）＊執行することが明らかにスウェーデンにおける法秩序の基礎と合致しないであろうこと。＊＊

　　＊英訳はand。
　　＊＊33条1項2号参照。

第56条　外国仲裁判断の執行に関する申請は，スヴェア高等裁判所になされる。申請には仲裁判断の原本または認証謄本を添付しなければならない。同高等

裁判所が異なる定めをしないときは，仲裁判断全文の認証されたスウェーデン語の訳文も提出しなければならない。＊

＊理由書は，デンマーク語，ノルウェー語の仲裁判断については訳文不要であり，英語の場合にも必ずしも常に訳文が必要であるかは疑問だとする。旧法時の実務は，デンマーク語，ノルウェー語はもちろん英語についても訳文不要の可能性を認めていた。Prop. s.203, Madsen, s.367, pp.387-388.（フィンランド語については言語的に全く異なるので同一に論じられない。）

第57条　執行に関する申請は，相手方当事者が意見を述べる機会を与えられることなく認容されてはならない。

第58条　相手方当事者が仲裁契約が締結されていない旨異議を述べるときは，申請人は仲裁契約書の原本もしくは認証謄本，かつ同高等裁判所が異なる定めをしないときは認証されたスウェーデン語の訳文を提出するか，またはその他の仕方で仲裁契約が締結されていることを証しなければならない。

相手方が第54条第5号に係る公的機関のもとに仲裁判断の廃棄またはその執行の延期に関する申立てをした旨異議を述べるときは，同高等裁判所は判断を延期することができ，かつ申請人が求めるときは相手方当事者に対し，そうしなければ執行に関する決定が発せられうるという制裁付きで合理的な担保の供与を命ずることができる。

第59条　同高等裁判所が〔執行に関する〕申請を認容するときは，最高裁判所が同高等裁判所の決定に対する上訴＊の後異なる定め＊＊をしなければ，仲裁判断はスウェーデン裁判所の確定力を有する判決と同様に執行される。

＊この上訴には訴訟手続法54章9条による審査許可は必要とされない。Madsen, s.372 vid not 1146, p.393, footnote 65.
＊＊執行停止決定を意味する。Heuman（英），p. 745.

第60条　訴訟手続法第15章による保全措置が認可されたときは，同章第7

条の適用にあたっては，この国で承認されかつ執行されうる仲裁判断に導きうる外国における仲裁判断の申立ては，訴えの提起と同視されなければならない。

外国仲裁判断の執行に関する申請がなされた後は，保全措置またはこのような決定の取消しに関する申立ての審査は同高等裁判所に属する。

1. この法律は1999年4月1日から施行し，同時に仲裁人に関する法律（1929：145）ならびに外国仲裁契約および仲裁判断に関する法律（1929：147）は廃止される。
2. 仲裁手続が施行前に開始されたとき，または執行に関する申請が施行前になされ，それが外国仲裁判断の執行に関するときは，旧法が適用される。
3. 仲裁契約が施行前に締結されたときは，仲裁判断をするための期間に関する限り，新法の施行後2年内に開始された手続においては，仲裁人に関する法律（1929：145）第18条第2項，第21条第1項第1号ならびに第26条第2項および第3項が適用される。
4. 当事者は第2号および第3号に述べる場合において，新法のみが適用されるべき旨定めることができる。
5. 法律またはその他の法令において仲裁人に関する法律（1929：145）の引照があるときは，その代わりに新法が適用される。

附記

本稿は当初『神奈川法学』誌上に掲載したうえ，これに若干の検討を加えて本書の一部とすることを予定していたものであるが，掲載予定号よりも本書が早く刊行されることになったので，同誌への掲載を取りやめた次第である。したがって，「はじめに」の記述はやや違和感を与えるかも知れないが，本法訳出の意図などを理解していただくのに役立つと考えてそのままに残しておく。

第5 行政訴訟・行政手続関係諸法

はじめに

本稿はスウェーデンの行政訴訟・行政手続に関する主要な法律に加えてこの分野における法律扶助法というべき法律を訳出したものである。

実定法上，行政訴訟については一般行政裁判所に関する法律（1971：289）および行政訴訟法（förvaltningsprocesslag（1971：291））が，行政手続については行政〔手続〕法（förvaltningslag（1986：223））*が主要法規を形成する。しかし，スウェーデン法においては講学上，「行政的決定の作出に結び付いている形式に関する規定および一般原則の複合体の総称として行政手続・訴訟法（förvaltningsprocessrätt）という用語が用いられる」**ことに格段の注意が必要である。いわば行政訴訟法には広狭二義があり，広義では行政訴訟法のみならず行政手続法を含むともいえよう。このことはスウェーデンの行政訴訟・行政手続法を理解するうえで基本的に重要であることを最初に指摘しておきたい。ちなみに，*Sveriges Rikes Lag*（わが国の六法全書に相当）において行政〔手続〕法（1986：223）は，訴訟手続法—民事・刑事訴訟法—に続く「行政訴訟等」と題する箇所に行政訴訟法（1971：291）とともに収録されている。

訳文の理解に資するためと訳者自身の学習メモの意味も兼ねて若干の注記を付した。スウェーデンの行政訴訟・行政手続法はわが国のそれと著しく異なることにかんがみ，拙訳『［翻訳］スウェーデン訴訟手続法—民事訴訟法・刑事訴訟法—』（2009，中央大学出版部）よりもやや詳しい注記になっている（かと思う）。翻訳の基本的方針については同書と同様なので，その凡例（本書 v‒vii 頁に再掲）をご参照いただければ幸いである。ただし，法文のテキストは原則と

して *Sveriges Rikes Lag 2009* に拠った。

紙幅の関係上，引用文献は以下のものに限った。

Bertil Wennergren, *Förvaltningsprocesslagen m. m.―En kommentar*, 5 uppl., Stockholm：Norstedts Juridik, 2005.

Trygve Hellners och Bo Malmqvist, *Förvaltningslagen med kommentarer*, 2 uppl., Stockholm：Norstedts Juridik, 2007.

Hans Ragnemalm, *Förvaltningsprocessrättens grunder*, 8 uppl., Stockholm：Jure, 2007.

Cecilia Renfors och Ebba Sverne Arvill under medverkan av Erica Sverne（avseende ersättningslagen）, *Rättshjälpslagen och annan lagstiftning om rättsligt bistånd―En kommentar*, 2 uppl., Stockholm：Norstedts Juridik, 2006.

全て著者の表示のみで引用する（最後のものは Renfors och Sverne として）。ただし，Ragnemalm の著書についてはその第7版について拙訳，ハンス・ラーグネマルム『スウェーデン行政手続・訴訟法概説』（1995, 信山社）があるのでこれを併記し，例えば，ラーグネマルム1頁, 8 uppl., s.1 と表示する。

なお，拙編著『スウェーデン法律用語辞典』（2007, 中央大学出版部）および前掲拙訳『〔翻訳〕スウェーデン訴訟手続法』も，それぞれ『スウェーデン法律用語辞典』，拙訳『スウェーデン訴訟手続法』として引用する。

ところで，訳業を進める中で痛感したのは，スウェーデンにおける行政訴訟の制度設計がいかにアクセス・ツー・ジャスティスを高めるべく腐心しているかということである。わが国では行政訴訟は通常民事訴訟よりもはるかに複雑困難なものと考えられており，また実際にそうであるが，スウェーデンではまさにその逆なのである。露骨な言い方をすれば，高度福祉国家とは強大な行政国家であり，重税国家である。こういう国家が国民の支持を得てゆくためには，一方において税の使途の適切さと透明性，他方において税務その他行政全般における法の支配の確立・浸透が必要不可欠である（単なる租税法律主義などは空

疎である***)。****この意味でスウェーデンの行政訴訟・行政手続に関する法制は比較法的にきわめて注目に値する一つの範型を提供していると確信する。非才を承知しつつあえてこの訳業に挑んだゆえんである。*****

 直訳すれば，「行政法」であるが，その内容は行政手続法であり，英訳名も the administrative procedure act である。世界でも稀な「行政法」という名称を有する法律であろう。訳語については行政〔手続〕法の標題の（本書 142 頁）を参照。
 **ラーグネマルム 15 頁，8 uppl., s.20.
 ***わが国における租税法律主義の形骸化（行政立法）については，山下清兵衛「租税訴訟における公正基準と裁判官の良心」『自由と正義』61 巻 2 号（2010）とくに 10-11 頁を参照。
 ****「わが国の税務争訟の実態は，税法問題を司法の場で争わせない仕組みがあり，万一争われても税務行政が負けることがないようなシステムができているように思われる。」という指摘がある（三木義一「勝てない税金裁判とその変化」森征一編『法文化としての租税』法文化（歴史・比較・情報）叢書③（2005，国際書院）157 頁）。また，行政訴訟関係の裁判官，弁護士として約半世紀にわたる実務経験を有する濱秀和氏は現在の行政訴訟について，「多くの裁判所は大体行政庁を勝たす方向で審理をする…。これを感じるのは私だけじゃないと思う…」と述べている（同「行政事件訴訟の過去と現在」自由と正義 60 巻 10 号（2009）119 頁）。なお，山下・前掲論文 9 頁参照。
 *****ちなみに，フランスはまだスカンディナヴィアと同様な真の民主主義文化を有しないようだという興味深いフランスの哲学者による指摘がある。Guy Sormon, "Twilight of France's Republican Aristocracy", *The Japan Times*, Nov.22, 2009, at 15.

一般行政裁判所に関する法律（1971：289)*，**

 *同法を補足するものとして，一般行政裁判所の権限等に関する政令（1977：937）がある。
 **2009 年版の後の改正法律として 2008：963, 2009：345, 2009：773, 2010：615, 2010：616, 2010：1398 等がある。

第 1 条* 行政最高裁判所は，統治組織法に述べるところによる最高の一般行政裁判所である。同裁判所はストックホルムにその所在場所を有する。

行政高等裁判所は行政最高裁判所の直近下級の一般行政裁判所である。

　行政高等裁判所は，ストックホルム行政高等裁判所（i Stockholm），イェーテボリ行政高等裁判所（i Göteborg），スンスヴァル行政高等裁判所（i Sundsvall）およびイェンシェーピング（i Gönköping）行政高等裁判所である。

　行政地方裁判所は行政高等裁判所の直近下級の一般行政裁判所である。各県に一つの行政地方裁判所が存する。政府は若干の県には複数の行政地方裁判所が存すべき旨定めることができる。政府は行政地方裁判所の裁判管轄区について定める。（法律 1997：1088）

> ＊スウェーデン法では裁判所という概念自体が明確でない。訴訟手続法は通常裁判所と特別裁判所とを区別するが，後者は環境（上級）裁判所，市場裁判所および労働裁判所などを指す。同法において本条の行政裁判所は公的機関という総称の中に含まれるのである。もちろんこのことは行政裁判所が裁判所にふさわしい要請を満たしていないということを意味するわけではない。ただ，訴訟手続法は行政訴訟に適用されることを想定していないので同法の見地からは行政裁判所を裁判所として挙げる必要がないということを意味するに過ぎない。（他方，裁判所がその行政案件を取り扱うとき，裁判所は行政〔手続〕法（1986：223）1条の「公的機関」に含まれる。）また，訴訟手続法は民事事件の概念規定をしていないので，民事事件と行政事件との区別について問題が生じうる。
>
> 　行政裁判所という用語は 1971 年に初めて法文に登場するが，それ以前から学説および裁判例においては用いられていた。しかし「一般行政裁判所」という表現は本法が新たに用いた言葉である。Wennergren, s.13-14, 19-20.
>
> 　ちなみに，スウェーデンでは伝統的に行政の各分野において裁判官職を保有する者が働いており，わが国でネガティブな意味で用いられる「司法の行政化」ではなくて「行政の司法化」——行政手続における除斥・忌避，行政決定における少数意見の表示などはその例証——というべき特質がみられることは私がかねて指摘・強調してきたところである。拙著『スウェーデンの司法』（1986，弘文堂）参照。

行政最高裁判所

第2条　行政最高裁判所は，以下各号について審査する——
 1. 行政訴訟法（1971：291）による行政高等裁判所の決定＊に対する上訴，
 2. 法律によりまたは行政高等裁判所規則＊＊により同裁判所のもとでなされ

る行政案件におけるその他の決定に対する上訴。

　最高裁判所は第8条に述べるところ以外の場合における再審および喪失した期間の回復に関する申請について審査する。外国人法（2005：716）第14章第9条第3項に，若干の場合において行政最高裁判所は拘束が存続すべきか否かに関する決定を審査することに関する一層の規定が存する。***（法律2005：719）

　　*この決定とは判決を含むものである。行政訴訟法30条の注記を参照。
　　**とくに行政高等裁判所規則が挙げられているのは，行政高等裁判所自体が行政〔手続〕法によりその組織内で取り扱う行政案件に関する上訴について明確化するためである。Wennergren, s.46.
　　***外国人法14章9条3項による大臣の決定に関する。警察機関または移民庁の決定に対する上訴は移民裁判所になされる（同条1項）。移民庁については『スウェーデン法律用語辞典』139頁のMigrationsverketの項を参照。移民裁判所は政府が定める行政地方裁判所，移民高等裁判所はストックホルム行政高等裁判所である（同法16章1条）。Wennergren, s.46.

第3条*　行政最高裁判所は14人またはこれを超える必要な数の行政最高裁判所判事によって構成される。行政最高裁判所判事の数の少なくとも3分の2は法律専門家でなければならない。** 行政最高裁判所判事は他の職務を保有しまたは行使することができない。

　行政最高裁判所判事は政府によって任命される（utnämns）。政府は行政最高裁判所判事の1人を同裁判所の長に任命する（förordnar）。

　行政最高裁判所判事が病気またはこれと同視される事情に基づき行政最高裁判所において執務することができないときは，行政最高裁判所判事の職を定年で退いた者が一時的に執務するよう代行者として任命されうる。行政最高裁判所判事について法律または命令において定めるところは，代行者にも適用されなければならない。

　行政最高裁判所判事の立法顧問院***における執務については別に定められる。（法律1996：156）

＊拙訳『スウェーデン訴訟手続法』3章4条およびその注記（13-14頁）を参照。
　　＊＊現在の数は17人，全員が法律専門家である。これまでに法律専門家でない行政最高裁判事が任命された例はないが，法務大臣は，1971年の行政裁判所改革の際その可能性を閉ざしてしまうことを欲しなかった。なお，2人が立法顧問院で執務している。Wennergren, s.47.
　＊＊＊立法顧問院については『スウェーデン法律用語辞典』のlagrådetの項を参照。なお，この制度の紹介および同名の旧法（1979：368）の邦訳として，拙稿「スウェーデンの立法顧問院（lagrådet）と新しい立法顧問院法」神奈川法学16巻1号（1981）所収がある。旧法は新法（2003：333）の施行（2003年9月1日）と同時に廃止された。

第4条　行政最高裁判所は二つまたはより多くの部に分けられる。＊部は行政最高裁判所が取り扱う事件を取り上げることについて同等の権限を有する。

　行政最高裁判所の長は部の長である。他の部の長は政府が任命する行政最高裁判所判事である。（法律1981：1092）

　　＊現在，行政最高裁は三つの部に分けられており，各部は原則として6人の行政最高裁判事を有する。しかし2人が立法顧問院で執務するので，裁判事務に専念できる各部の判事数は5人になる。Wennergren, s.48.

第4条a　部は5人の行政最高裁判所判事で裁判する。ただし部は，行政最高裁判所判事の3人が主文について一致するときは，4人で裁判することができる。

　再審または喪失した期間の回復に関する申請の審査の際および行政訴訟法（1971：291）第28条に係る問題の審査の際は，審査が簡易な性質のものであるときは，部は3人の行政最高裁判所判事で裁判することができる。＊ただし，行政最高裁判所が従前同一の申請人からの同一の裁判に関する再審の申請を拒否しており，かつ申請人が申請の審査のために意義を有する新たな主張をしない場合に申請を却下または棄却するときは，1人の行政最高裁判所判事で裁判することができる。

　上訴を遅れて到達したために却下した決定に対する上訴の審査の際ならびに

取下後の事件の除去に関する決定の際は，部は1人の行政最高裁判所判事で裁判することができる。

　審査許可の問題は1人の行政最高裁判所判事で裁判することができる。3人よりも多くの行政最高裁判所判事が関与することはできない。上訴を審査するために審査許可が要求される事件におけるその他の問題の処理にあたっても，問題が審査許可の前にまたはこれと関連して処理されるときは同様である。(法律1998：373)

　　＊3人の構成員のいずれかが事案が簡易な性質のものであることに疑念を抱くときは，原則に戻って5人で裁判することになる。Wennergren, s.49.

第5条＊　部が事件の判断のための評議の際に部の多数意見が従前行政最高裁判所によって採用された法原則または法解釈から乖離すると認めるとき，部は事件またはそうできるならば事件におけるある問題のみが行政最高裁判所の全体部で判断されるべき旨命ずることができる。このような命令はまたその他の場合においても事件またはある問題が行政最高裁判所の全体部で判断されることが法適用のために特別の意義を有するときも発することができる。

　行政最高裁判所の異なる判断においてある法原則または法解釈について相反する見解が表明されているときは，部がその多数意見が最後になされた判断から乖離すると認めるときにのみ第1項を適用する。

　事件が行政最高裁判所の全体部で判断される時は法的に正当な支障がない限り全ての構成員が判断に関与しなければならない。

　　＊拙訳『スウェーデン訴訟手続法』3章5条およびその注記（14-15頁）を参照。

第6条　部が，行政最高裁判所が判断した事件または案件の再審に関する申請を処理する場合，従前の判断に関与した構成員は，同裁判所内で裁判をするのに十分な数の構成員を得られるときは部で執務することができない。＊

　　＊拙訳『スウェーデン訴訟手続法』3章7条（17頁）参照。

第7条　行政最高裁判所における事件の準備および報告のために，同裁判所に特別の職員が存在する。*

> *この特別の職員は「行政最高裁判所調査官（regeringsrättssekreterare）」とよばれる。Wennergren, s.51-52. なお拙訳『スウェーデン訴訟手続法』3章8条およびその*（17頁）を参照。

行政高等裁判所

第8条　行政高等裁判所は以下各号について審査する——
1. 法律またはその他の法令により同裁判所のもとになされる上訴，
2. 租税等に関する案件および訴訟における費用の補償に関する法律（1989：479）による同法所定の範囲における事件，*
3. 統治組織法第11章第11条により行政裁判所が審査すべき事件または案件で，行政地方裁判所または行政機関によって終局的に判断されたものの再審に関する申請，**
4. 上訴またはこれと同視される行政地方裁判所，行政高等裁判所もしくは行政機関への措置〔要求〕のための喪失した期間の回復に関する申請，
5. 法律の定めにより行政高等裁判所が審査すべき，案件の不必要な遅延に関する事件。***

政府は行政高等裁判所の裁判管轄区について定める。（法律2006：305）

> *行政高裁が第一審である場合の案件に関する。Wennergren, s.53.
> **行政最高裁の負担軽減のために1994年に導入された。次の4号も同様。Wennergren, s.53-54.
> ***例えば，会計士に関する法律（1995：528）27条によれば，会計士審査委員会が申請案件についてその提出後4月内に決定を行わない場合，申請人は行政高裁から案件は不必要に遅延している旨の宣言を求めることができ，委員会がこの宣言から1月内に決定を与えないならば申請は拒否されたものとみられ，同法26条により申請人はこの擬制された決定に対して上訴する権利を有した。Wennergren, s.54, 110.（この法律は2002年1月1日をもって廃止され，会計士法（2001：883）がこ

れに代わった。同様の規定は新法 36, 37 条に存する。)

第 8 条 a 一つよりも多くの行政高等裁判所のもとに相互に密接な関連を有する複数の事件が存在する場合，いずれの当事者にも著しい (avsevärd) 不利益なしにできるときは，事件は一つの行政高等裁判所で取り扱うことができる。

　行政高等裁判所は，特段の理由が存しかついずれの当事者にも著しい不利益なしにできるときは，事件をこのような事件を取り扱う他の行政高等裁判所に移送することができる。*

　行政高等裁判所の間の事件の移送に関する細則は政府が定める。(法律 1998：373)

　　*口頭弁論の必要が生ずる場合には移送による訴訟経済上の便益は大きい。とりわけ精神障害関係の事件ではしばしば口頭弁論が施設で行われるので，裁判官の長期出張が不要になるなど。書面審理の場合にはあまり便益がない。Wennergren, s.55.

第 9 条* 不服申立て (besvär) が政府において判断する問題も包含し，かつ行政高等裁判所が〔両者の〕問題は各別に判断されるべきでないと認めるときは，行政高等裁判所は自己の意見を付して事件を政府の審査のために移送しなければならない。(法律 1974：577)

　　*本条はいわゆる混合不服申立事件 (blandade besvärsmålen) に関する。例えば，地方自治体の建築（執行）委員会と県中央行政庁が建築禁止の解除の申請を拒否し，この決定が同時に求められた建築許可が拒否されたことを意味する場合である。建築許可は建築委員会が所管する問題で原則として行政高裁の管轄範囲に属するが，建築禁止の解除に関する県中央行政庁の決定は政府が審査すべき問題である。Wennergren, s.56.

第 10 条　各行政高等裁判所には行政高等裁判所長官，1 人または複数の行政高等裁判所部長判事および 1 人または複数の行政高等裁判所判事—その 1 人または複数は副部長 (vice ordförande)—が存在しなければならない。* 彼らは法律専門家でなければならない。

行政高等裁判所長官，行政高等裁判所部長判事および行政高等裁判所判事は政府によって任命される。(法律 1998：1801)

*原文には―(ダッシュ)はない。

第11条　行政高等裁判所は部に分けることができる。政府は部が行政高等裁判所の所在場所以外の場所に置かれるべき旨定めることができる。部の長は長官または部長判事である。

若干の事件の処理における行政高等裁判所の特別の構成について，不動産課税法（1979：1152），映画およびヴィデオの検閲および統制に関する法律（1990：886）および電子的コミュニケーションに関する法律（2003：389）に規定が存する。地方自治体法（1991：900）第10章および教会法（1992：300）第22章による事件の処理における特別の構成に関する規定は第13条aに存する。(法律 2007：880)

第12条　行政高等裁判所は3人の法律専門家の裁判官で裁判する。4人よりも多くの法律専門家の裁判官が関与してはならない（får ej sitta i rätten）。

参審員が関与すべき旨とくに定められているときは，行政高等裁判所は3人の法律専門家の裁判官および2人の参審員で裁判する。このような場合においては4人の法律専門家の裁判官および3人の参審員よりも多くの者が関与してはならない。ただし行政高等裁判所は以下各号の場合には参審員なしに裁判することができる――
1. 事件の判断を意味しない決定に対する上訴の審査，
2. 事件の判断までの間における本案に関する命令および事件の準備のみに関するその他の措置，
3. 裁判所が本案について審査することなく事件を終了させる決定。

第2項に係る事件が他の事件と一緒に取り扱われるときは，参審員は後者の事件の取扱いの際にも関与することができる。

若干の事件の処理の際の定足数（domförhet）については，不動産課税法（1979：

1152），映画およびヴィデオの検閲および統制に関する法律（1990：886）および電子的コミュニケーションに関する法律（2003：389）に規定が存する。地方自治体抗告事件の処理の際の定足数に関する規定は第13条 a に存する。

　審査許可の問題の処理の際行政高等裁判所は，主文について意見が一致するときは2人の構成員で判断することができる。上訴の審査のために審査許可が要求される事件におけるその他の問題の処理の際，問題が審査許可の前にまたはこれと関連して処理されるときは同様である。遅れて到達したことに基づく上訴の却下の処理の際は，主文について意見が一致するときは2人の構成員で裁判することができる。

　取下げの後の事件の除去に関する決定の際は，行政高等裁判所は1人の法律専門家の裁判官で裁判することができる。

　事件の準備のみに関する措置は，行政高等裁判所における1人の法律専門家の構成員，またはそれらが法律専門家の構成員に留保されるべき種類のものでないときは，十分な知識と経験を有する行政高等裁判所のその他の職員によって行われる。これに関する細則は政府が定める。*（法律2007：880）

　　＊行政高等裁判所規則（1996：380）がそれである。Wennergren, s.61.

第13条* 　政府または政府が定める公的機関は，行政高等裁判所における執務のために行政高等裁判所の裁判管轄区内に存すべき参審員の数を確定しなければならない。政府または公的機関はさらに，裁判管轄区内の各県について選任されるべき参審員の数を確定しなければならない。行政高等裁判所は参審員と協議のうえ彼らの間の執務の分配を行う。（法律1983：372）

　　＊通常裁判所および一般行政裁判所における参審員の数に関する政令（1983：382）がある。これによれば，行政高裁は自身でその参審員の数を定める。Wennergren, s.61.

第13条 a 　行政高等裁判所は地方自治体法（1991：900）第10章および教会法（1992：300）第22章による事件の処理の際は，3人の法律専門家の構成員およ

び第 13 条 b に述べるような 2 人の特別構成員で構成されなければならない。

　ただし行政高等裁判所は，第 12 条第 2 項第 1 号ないし第 3 号に述べるような場合ならびに簡易な性質の事件の審査の際は特別構成員なしに裁判することができる。（法律 1998：373）

第 13 条 b＊　政府は各行政高等裁判所のための特別構成員の数を定める。この特別構成員は地方自治体の活動に関する十分な知識（god kännedom）を有しなければならない。彼らは政府によって任期 3 年として任命される。

　特別構成員が執務期間中に職を退くときは，その残存期間のために新たな構成員が任命される。特別構成員の数が変更されるときは，新たに増員される構成員が 3 年よりも短い期間について任命されうる。

　行政高等裁判所は特別構成員と協議のうえ彼らの間の執務の分配を行う。（法律 1980：274）

　　＊本条は 1980 年に地方自治体抗告事件が県中央行政庁から行政高裁に移管されたことに伴い導入されたものである。県中央行政庁の有する地方自治体関係の知識は疑いもなく地方自治体抗告事件の審査のために極めて有用であったことがその理由である。行政高裁の判断が県中央行政庁と同様の専門知識に基づくことを保障するためには特別構成員の関与が必要とされたのである。Wennergren, s.62.（この注記のみ 2009 年版の後の法改正の内容に言及。）

行政地方裁判所（förvaltningsrätterna）＊

　　＊法律 2009：803 により 2010 年 2 月 15 日をもって länsrätterna から förvaltningsrätterna に変わった。全ての関係法規においてこの改正が行われた。直訳すれば länsrätt（単数，上記は複数定形）は県裁判所，förvaltningsrätt（同）は行政裁判所であるが，いずれの意味内容も第一審の行政裁判所であることに変わりはないので，訳語に変更はない。（この注記のみ 2009 年の後の法改正の内容に言及。）『スウェーデン法律用語辞典』の länsrätt の項も参照。

第 14 条　法律またはその他の法令において一般行政裁判所に訴えの提起＊または決定に対する上訴の提起がなされるべき旨定められているときは，それは

行政地方裁判所になされなければならない。

　決定に対しては，一定の種類の事件について法律または法令において異なる定めがなされていないときは，その案件が最初に審査されたところの裁判管轄区内の行政地方裁判所に上訴しなければならない。

　一つよりも多くの行政地方裁判所のもとに相互に密接な関連を有する複数の事件が存在する場合，いずれの当事者にも著しい不利益なしにできるときは，事件は一つの行政地方裁判所で取り扱うことができる。

　行政地方裁判所は，特段の理由が存しかついずれの当事者にも著しい不利益なしにできるときは，事件をこのような事件を取り扱う他の行政地方裁判所に移送することができる。

　行政地方裁判所の間の事件の移送に関する細則は政府が定める。(法律2001：26)

　　＊この表現のもとに行政訴訟法（1971：291）3条にいう申請，届出，確定請求またはその他の措置による事件の係属形態が属する。Wennergren, s.63.

第14条 a＊　上訴が政府の判断に属する問題も包含するときは，行政地方裁判所は事件を第9条による取扱いのために行政高等裁判所に移送しなければならない。(法律1995：1691)

　　＊9条の＊を参照。

第15条　行政地方裁判所には所長判事が存在しなければならない。行政的協働の一環として同一の場所の行政地方裁判所および地方裁判所は共通の所長判事を有することができる。

　政府が異なる定めをしないときは，行政地方裁判所には1人または複数の行政地方裁判所判事も存在しなければならない。政府が定める行政地方裁判所には1人または複数の行政地方裁判所部長判事も存在しなければならない。

　所長判事，行政地方裁判所部長判事および行政地方裁判所判事は法律専門家でなければならない。彼らは政府によって任命される（utnämns）。＊（法律2002：997）

＊本法制定時の法文において動詞 utnämna は正規の裁判官の任命の意味で用いられた（utnämns はその受動形現在）。Wennergren, s.66.

第16条　行政地方裁判所は部に分けることができる。部の長は所長判事または行政地方裁判所部長判事である。
　不動産課税に関する事件の処理の際の行政地方裁判所の特別の構成については不動産課税法（1979：1152）に規定が存する。＊（法律 1998：1801）

　　＊原則として1人の法律専門家の裁判官，評価問題の専門家構成員およびこのような事件の処理に関与すべく特別に任命された2人の参審員で構成される（同法21章 8-10 条）。

第17条　行政地方裁判所は，第17条 a または第18条から異なる結果にならないときは，1人の法律専門家の裁判官および3人の参審員で裁判する。取扱いが開始された後に参審員の1人に支障が生ずるときは，行政地方裁判所は1人の法律専門家の裁判官および2人の参審員で裁判することができる。
　事件の範囲または困難度にかんがみ特段の理由が存するときは，法律専門家の裁判官の数は第1項によるところを超えて1人増加することができる。参審員の数についても同様である。取扱いが開始された後に構成員の1人またはそれ以上の数の者に支障が生ずるときは定足数について第1項第2文が適用される。
　不動産課税事件の処理および電子的コミュニケーションに関する若干の事件の処理の際の定足数については，第18条のほか不動産課税法（1979：1152）ないしは電子的コミュニケーションに関する法律（2003：389）に規定が存する。＊
　政府または政府が定める公的機関は，行政地方裁判所における執務のために各県に存在すべき参審員の数を確定しなければならない。行政地方裁判所は参審員と協議のうえ彼らの間の執務の分配を行う。＊＊（法律 2007：880）

　　＊不動産課税法については16条2項およびその＊を参照。電子的コミュニケーショ

ンに関する法律によれば，同法 23 条所定の事件を処理する際は原則として，行政地裁は 2 人の法律専門家の裁判官および 2 人の経済専門家で，行政高裁は 3 人の法律専門家の裁判官および 2 人の経済専門家で構成される（8 章 25-28 条）。
**訴訟手続法 4 章 10 条（裁判長による参審員の緊急的補充）に相当するような規定は行政訴訟法規に存しないが，この訴訟手続法の規定は一般原則として行政訴訟にも明文規定なしに適用されるべきだとされる。Wennergren, s.68.

第 17 条 a　行政地方裁判所は地方自治体法（1991：900）第 10 章および教会法（1992：300）第 22 章による事件の処理の際は，1 人の法律専門家の構成員および第 17 条 b に述べるような 2 人の特別構成員で構成されなければならない。

　ただし行政地方裁判所は，第 18 条第 1 項および第 2 項ならびに第 4 項第 1 号に述べるような場合においては特別構成員なしに裁判することができる。（法律 1997：392）

第 17 条 b＊　政府は各行政地方裁判所のための特別構成員の数を定める。特別構成員は地方自治体の活動に関する十分な知識を有しなければならない。彼らは政府によって任期 3 年として任命される。

　特別構成員が執務期間中に職を退くときは，残存期間のために新たな構成員が任命される。特別構成員の数が変更されるときは，新たに増員される構成員が 3 年よりも短い期間について任命されうる。

　行政地方裁判所は特別構成員と協議のうえ彼らの間の執務の分配を行う。（法律 1995：21）

　　＊13 条 b およびその＊を参照。

第 18 条＊　行政地方裁判所は以下各号の場合には 1 人の裁判官が単独で裁判することができる――
1. 事件の準備のみに関する措置がとられるとき，
2. 他の行政地方裁判所から求められた証人または鑑定人の尋問を行うとき，
3. 違算，誤記またはその他の明白な不注意の訂正のみに関する決定をする

とき，

4. 事件の終局的判断を包含しないその他の決定をするとき。

特段の理由により事件を全構成員で審査することが要求されないときは，行政地方裁判所は事件の本案に関する審査を包含しない決定の際1人の法律専門家の裁判官が単独で裁判することができる。**

事件の準備のみに関しかつ法律専門家の構成員に留保されるべき種類のものでない措置は，十分な知識と経験を有しかつ行政地方裁判所または行政地方裁判所と同一場所の地方裁判所のその他の職員によって行うことができる。これに関する細則は政府が定める。

第2項に述べるところは本案に関する以下各号の判断の際にも適用される***

1. 簡易な性質の事件，
2. 課税手続における特別の強制措置に関する法律（1994：466）による事件，租税，関税および手数料の支払確保に関する法律（1978：880）による事件，不動産課税法（1979：1152）による見分に関する事件，〔ならびに〕租税諸法令による課税監査，租税監査またはその他の検査からの書類の例外および情報供与，書類提示またはコントロール情報の供与の義務の免除に関する事件，
3. 年少者の保護の特則に関する法律（1990：52）第6条による即時観護に関する事件，同法第15条bによる個別保護に関する事件，同法第15条cによる隔離に関する事件，同法第27条による一時的移動禁止に関する事件，若干の場合における濫用者の保護に関する法律（1988：870）第13条による即時観護に関する事件，同法第34条による個別または隔離の保護に関する事件，閉鎖的年少者保護の執行に関する法律（1998：603）第14条による個別の保護に関する事件，同法第17条による隔離に関する事件，感染症保護〔対策〕法（2004：168）第5章第3条による一時的隔離に関する事件，精神医療的強制保護に関する法律（1991：1128）第12条第1項および第33条による事件，保護が特別の退院審査と結合していない場合に係る限り精神医療的保護に関する法律（1991：1129）第18条第1項第2号ないし第5号および第9

号による事件または同項第 6 号による事件，外国人法（2005：716）による監置（förvar）および監視に関する事件，刑期等の算定に関する法律（1974：202）による事件，施設における刑事保護に関する法律（1974：203）による事件または刑罰等の執行に関するデンマーク，フィンランド，アイスランドおよびノルウェーとの協同に関する法律（1963：193）による事件，

4. 住民登録諸法令による事件，租税諸法令による初期納税（preliminärskatt）または租税もしくは手数料の納付の猶予に関する事件，

5. 公的購入・調達（upphandling）に関する法律（2007：1091）による事件または水，エネルギー，運輸および郵便業務の分野内の購入・調達に関する法律（2007：1092）による事件，

6. 所得課税のために有意義な問題に関する事件，ただし事件において訴求されるものの価値が明らかに一般保険法（1962：381）による価格基礎額の半分を超えないとき，

7. 混雑税（trängselskatt）に関する法律（2004：629）による事件。（法律 2008：417）

 *行政地裁の事件の主要部分は法律専門家の裁判官が単独で処理する事件，いわゆる E 事件（E-mål）である。これに対して参審員が関与する事件は「参審事件」とよばれる。もっとも，本条は参審員を含む全構成員で事件を処理することを妨げるものではない。Wennergren, s.70.
 **事件の本案の審査を包含しない終局的判断すなわち却下および除去の決定をさす。もっとも，訴訟手続障害の問題などは往々原則的性質を有しうるので，全構成員で審査すべき特段の理由が存しうる。Wennergren, s.70-71.
 ***本項に列挙されている事件の決定は，本案に関する審査を包含しない決定と同視されるものである。Wennergren, s.71.

行政高等裁判所および行政地方裁判所に関する若干の規定

第 19 条*　行政高等裁判所および行政地方裁判所の参審員は選挙によって任命される。選挙は県参事会〔議会〕が行う。ゴットランド県においてはゴット

ランド地方自治体の地方自治体参事会〔議会〕が行う。

　全選挙人の数を被選挙人の数で除した商に 1 を加えた数に少なくとも相当する数の選挙人が求めるときは，比例代表制による選挙をしなければならない。このような比例代表制による選挙の際の手続については比例代表制選挙方式に関する法律（1992：339）に定めがある。

　不動産課税事件の処理の際の行政地方裁判所に含まれる参審員の選挙がなされるべき時期については，不動産課税法（1979：1152）から明らかになる。

　政府はある県のために，行政高等裁判所の参審員は，同一の職務期間をもって高等裁判所の参審員に任命された者の間から選出されるよう定めることができる。高等裁判所の参審員はその他の場合においても，その資格を有するときは彼が住民登録をしている裁判管轄区内の行政高等裁判所の参審員として執務することができる。

　参審員の選挙にあたっては，参審員団が年齢，性別，民族的背景および職業を考慮した全面的な構成を得るよう努めなければならない。全面的な構成を得るために複数の選択肢が存するときは，従前執務したことがない者または執務が最も短期間であった者が参審員に選挙されるべきである。（法律 2006：851）

　　　＊拙訳『スウェーデン訴訟手続法』4 章 7 条およびその＊（20 頁）を参照。

第 20 条　行政高等裁判所および行政地方裁判所の参審員の被選挙資格を有するのは，行政高等裁判所または行政地方裁判所の裁判管轄区に属する県または県の一部において住民登録をしているスウェーデン国民で，かつ未成年または親子法第 11 章第 7 条による成年後見人を付されていない者である。

　裁判所，国税庁，県中央行政庁もしくは県中央行政庁の下位の公的機関または社会保険事務所に雇用されている者は参審員になることができない。法律専門家の裁判官，検察官，警察官および弁護士または職業上裁判所の前で他人の事件を追行するその他の者＊ならびに課税審査委員会＊＊の構成員についても同様である。

　行政地方裁判所の参審員は同時に行政高等裁判所の参審員を兼ねることがで

きない。

　参審員には判断能力，独立性，遵法性およびその他の事情にかんがみその職務に適切な者のみが任命されるべきである。

　60歳に達した者または正当な支障があることを開示した者は，参審員の職務を引き受ける義務を負わない。参審員の職務を辞した者は，その後4年間は新たにその職務を引き受ける義務を負わない。

　裁判所は職権で選挙された者の資格要件を審査する。（法律 2007：1000）

　　　*拙訳『スウェーデン訴訟手続法』4章6条およびその***（19-20頁）を参照。
　　　**「スウェーデン法律用語辞典」の skattenämnd の項を参照。

第20条 a　参審員は彼または彼女がその職務を遂行するのに必要な限度において雇用関係から解放される権利を有する。*（法律 2006：851）

　　　拙訳『スウェーデン訴訟手続法』4章7条aおよびその（20頁）を参照。

第21条　行政高等裁判所および行政地方裁判所の参審員は任期4年として任命される。60歳に達した者は参審員の職を辞することができる。裁判所は正当な支障を証する参審員についてその職を免除することができる。

　裁判所は罪を犯すかまたはその他の仕方によってその職務に明らかに不適切なことが証された参審員を罷免しなければならない。

　参審員が被選挙資格を喪失したときは参審員の職務は終了する。ただし参事会は，住民登録の変更の結果もはや被選挙資格を有しない参審員がその任期の残存期間中職務に留まりうる旨決定することができる。

　不動産課税事件の処理の際の行政地方裁判所に含まれるような参審員の職務期間に関する規定は不動産課税法（1979：1152）に存する。

　参審員の職務がその任期中に終了したときは，残存期間のために新たな参審員が任命される。裁判管轄区内の参審員の数が変更されるときは，新たに増員される参審員は第1項によるよりも短い期間について任命されうる。（法律 2006：851）

第 22 条　裁判所は以下各号の場合には参審員を職務の執行から排除することができる。彼または彼女が——

 1. 罷免に関する案件の対象であるとき，
 2. 有罪判決の場合には罷免に導くとみうる犯罪の捜査の対象であるか，もしくは訴追を受けているとき，または
 3. その他，司法に対する公衆の信頼を害すると判断される行動もしくは状態が証されるとき。

　第 1 項第 3 号による排除の決定は最長 6 月を超えない期間について妥当する。（法律 2006：851）

第 23 条*　参審員の罷免および排除に関する決定に対しては，特別の国の委員会に上訴をすることができる。この委員会の決定に対しては上訴をすることができない。

　政府はこの委員会に関する規定を定める。（法律 2006：851）

　　　*拙訳『スウェーデン訴訟手続法』4 章 8 条 b およびその注記（21-22 頁）を参照。

第 24 条　罷免されたまたは辞任した参審員が依然として被選挙資格を有するときは，他の者が参審員に選挙されたという通知が裁判所に到達するまで職務を遂行し，かつその後も彼または彼女が従前関与していた事件の継続処理の際に執務する義務を負う。ただし，第 21 条第 2 項により罷免された者またはこのような罷免もしくは〔職務執行からの〕排除の案件が開始された後に辞任した者を除く。（法律 2006：851）

第 25 条　削除（法律 1986：1285）

共通規定

第 26 条　一般行政裁判所における票決については，票決に関する訴訟手続法

第 16 章および第 29 章の規定の適用できる部分が適用される。*（法律 1997：392）

> *実務上最大の問題は，同数の意見が対立する場合に，裁判長の意見が属するほうの優先ルールを認めるか，それとも刑事事件と同様に軽いものが優先するというルールによるかということである。過料事件や懲戒事件においては刑事事件のルールに従うべきことは自明とされる。課税付加金事件などについても同様である（判例）。Wennergren, s.75-76.

第 27 条 一般行政裁判所はその所在場所または裁判所の部が設置されている場所で集会を行う。特段の理由*が存する時は，裁判所は他の場所で集会を行うことができる。（法律 1981：384）

> *現場検証の場所で集会を行う必要があるとき，当事者および証人の見地から口頭弁論を他の場所で行うことが便宜であるときなどが挙げられている。Wennergren, s.77.

第 28 条 一般行政裁判所の構成員および調査報告者*はスウェーデン国民でなければならない。未成年者または破産状態にあるかもしくは親子法第 11 章第 7 条による成年後見人を付されている者は構成員または調査報告者としての職務を行使することができない。行政高等裁判所および行政地方裁判所の参審員については第 20 条および第 21 条が適用される。

一般行政裁判所の構成員および調査報告者は裁判官宣誓を行っていなければならない。**

互いに訴訟手続法第 4 章第 12 条に述べるような関係にある者は，同時に一般行政裁判所の構成員として執務することができない。***（法律 1988：1287）

> *『スウェーデン法律用語辞典』の föredragande の項を参照。
> **拙訳『スウェーデン訴訟手続法』4 章 11 条およびその*（22-23 頁）を参照。
> ***拙訳『スウェーデン訴訟手続法』4 章 12 条およびその注記（23 頁）を参照。

第29条　政府は一般行政裁判所の求めに基づき，一定の期間裁判所をその意見で助力する職務を有する特別専門家を任命することができる。（法律 1981：384）

第30条　一般行政裁判所には事務局が存する。*（法律 1981：384）

　　*行政地方裁判所規則，行政高等裁判所規則および行政最高裁判所規則参照。

行政訴訟法（1971：291）*，**

　　*本訳稿は，拙訳，ハンス・ラーグネマルム『スウェーデン行政手続・訴訟法概説』（1995，信山社）所収の訳文に，その後の改正をフォローしかつ若干の修正をこころみたものである。
　　**2009年版の後の改正法律として 2009：305，2009：409，2009：783 等がある。

この法律の適用範囲

第1条　この法律は，行政最高裁判所，行政高等裁判所および行政地方裁判所の裁判運営（rättsskipning）*について適用される。（法律 1995：22）

　　*この語（英訳は the administration of justice）は裁判活動の適切な包括的概念として用いられた。すなわち，行政案件の取扱い（行政手続）と行政事件における裁判運営（行政訴訟）とを概念的に区別するものである。Wennergren, s.100.（わが国などと異なりスウェーデンでは行政手続が裁判手続に類似する面があるのでこの区別がとくに強調される必要があるのであろう。）また，行政訴訟は民事訴訟に比べて法規整が簡略なので判例法（case-law）の価値が高いことが指摘されている。Wennergren, s.100 vid not 20.

第2条　法律または政府が定めた政令*においてこの法律と異なる定めがなされているときは，その規定が適用される。**（法律 1980：275）

*本法制定後に 1974 年の現行統治組織法が制定・施行され，その 11 章 4 条によれば訴訟手続については法律で定めることとされたので，このような政令が働く余地は乏しい。Wennergren, s.101.
**それに加えて，しばしば訴訟手続法の規定の類推適用が問題になる。Wennergren, s.100.

事件の係属等

第3条* 　申請，抗告（besvär），** 届出，*** 確定請求****およびその他の事件（mål）を係属させる措置は，書面でしなければならない。

　私人からの申請書または抗告状は，彼または彼の代理人によって自署されなければならない。それは彼に関する以下各号の情報を包含しなければならない——

　1. 職業および個人番号または組織番号，
　2. 郵便上の住所（postadress）および就業場所の住所，ならびにそれが適切な場合には（i förekommande fall）送達執行人による送達の際当事者に出会うことができるその他の住所，
　3. 住居（bostad）および就業場所の電話番号，ただし秘密の電話加入に関する番号の場合には，裁判所がそれを求めるときにのみ開示することを要する，ならびに
　4. その他彼に対する送達上有意義な事情。

　私人の事件が法定代理人によって追行されるときは，同様の情報がこの者についても提供されなければならない。私人が彼を代理する代理人を依頼しているときは，代理人の氏名，郵便上の住所および電話番号が示されなければならない。

　私人からの申請書または抗告状はその他に，私人の相手方が存するときは，第2項および第3項に述べる事項について彼に関する情報を包含しなければならない。相手方当事者およびその法定代理人の職業，就業場所，電話番号および代理人に関する情報は，私人にとってその情報が特別の調査なしに入手でき

るときにのみ供与することを要する。相手方が知られた住所を欠くときは，これを確定するための調査を行ったときに情報を供与しなければならない。

　第2項ないし第4項に係る情報は，情報が裁判所に供与される時点の事情に妥当するものでなければならない。これらの事情のいずれかが変更するか，情報が不十分であるかまたは誤っているときは，遅滞なく裁判所に届け出なければならない。(法律1985：271)

　　＊拙訳『スウェーデン訴訟手続法』33章1条およびその＊ (184-185頁) を参照。
　　＊＊「抗告」の語は，訴訟手続法および行政手続法では「上訴 (överklagande)」に替えられたが，本条 (その他本法の若干の条文) では残っている。Wennergren, s.104.
　　＊＊＊「届出」が私人による訴訟の係属について使われるのは極めて稀であるが，公的機関による場合にはかなりしばしば用いられる。Wennergren, s.104.
　　＊＊＊＊確定請求については『スウェーデン法律用語辞典』のunderställningの項を参照。

第4条　申請書もしくは上訴状 (överklagande) またはこれと同視される書面には，申立て (vad som yrkas)＊および申立てを支持するために援用される事実を表示しなければならない。その他に上訴状には上訴される決定を表示しなければならない。審査許可が要求されるときは，このような許可が与えられるべきことを支持するために援用される事実も述べなければならない。

　申請人または上訴人はさらに，彼が援用しようとする証拠およびそれぞれの特定の証拠で立証しようとする事項を示すべきである。＊＊ (法律1994：436)

　　＊行政法23条 (1項) では「申し立てる」の意味でyrka (yrkasは受動形) でなく，よりポピュラーな書き方であるbegärが用いられている。しかし，同条は行政裁判所への上訴にも適用されるので両者における用語の不一致は遺憾だとされる。Wennergren, s.106-107.
　　＊＊本項は訴訟手続法の規定に対応するものであるが，多くの行政事件においては立証はあまり定式化されておらず，かつ法律事実と証拠事実との境界は極めて流動的なので，本項の担う役割はそれほど大きくないとされている (口頭弁論が行われるべき事件は別として)。Wennergren, s.117.

第5　行政訴訟・行政手続関係諸法　119

第5条　申請書または抗告状（besvärshandling）*が本案の審査の基礎に置くことができないほど不十分なものであるときは，裁判所は申請人または抗告人に対し一定の期間内にその欠缺を補正することを，それがなされないときは事件が審査に取り上げられないという制裁付きで命じなければならない。書面が第3条の定めを充足しないときは，その欠缺が送達上些細なものでない限り同様である。（法律 1985：271）

*注釈書では「上訴状（överklagande）」という表現で説明されている。Wennergren, s.118.

第6条　事件は申請，抗告またはその他の事件を係属させる措置が所定の期間内になされないときは，審査に取り上げられない。

第6条a*　上訴状は，上訴される決定を発した公的機関に提出される。上訴状は，上訴人が決定を受領した日から3週間内，または上訴人が公共を代表する当事者であるときは行政地方裁判所もしくは行政高等裁判所の決定が発せられてから3週間内に到達していなければならない。

　決定を発した公的機関は上訴が正当な期間内に到達したか否かについて判断する。上訴が遅れて到達した場合第3項から異なる結果が生じないときは，公的機関は上訴を却下しなければならない。

　上訴はその遅延が，公的機関が上訴人に上訴の仕方に関する誤った通知を与えたことに起因するときは却下してはならない。上訴が上訴期間内に上訴を審査すべき裁判所に到達したときも却下してはならない。このような場合には，裁判所は決定を発した公的機関に上訴状を回付し，かつ同時に上訴が上訴審に到達した日に関する情報を与えなければならない。

　上訴が本条により却下されないときは，決定を発した公的機関は上訴状および案件に関するその他の書類を，上訴を審査すべき裁判所に送付しなければならない。ただしこのことは行政〔手続〕法（1986：223）第28条により上訴が消滅する時は適用されない。（法律 1998：374）

*決定を発した下級審が行政機関，上級審が行政裁判所であるときは，行政〔手続〕法と行政訴訟法とが重複して適用される。それに対して両者とも行政裁判所であるときは本条のみが適用される。行政法と行政訴訟法との上訴手続における重要な差異は，前者には再審査に関する規定があるが，後者にはないことである。したがって，4項における行政法28条の適用の問題は，決定機関が行政機関であるときにのみ問題となる。Wennergren, s.130.

第7条*　行政地方裁判所または行政高等裁判所が，開始される事件に関連して事件を取り扱う権限を欠くがしかし他の相応する裁判所が権限を有すると認める場合，事件を開始した者がなんら異議を述べずかつ事件の書類の移送に反するその他の理由も存しないときは，これをその裁判所に移送しなければならない。書類は最初にそれを受理した裁判所に到達したのと同じ日に後者の裁判所に到達したものとみられなければならない。（法律1998：374）

*立法作業段階において通常裁判所または特別裁判所への移送の可能性も論議されたがこれは否定され，移送は行政裁判所間のみでなされることが法文上明確化された。Wennergren, s.138.

第7条a　私人が行政機関の決定に対して上訴するときは，事案について最初に決定をした機関は，案件における書類が裁判所に送付された後は私人の相手方とされなければならない。*

　第1項は行政高等裁判所に直接に上訴される決定については適用されない。**（法律1995：1692）

*本項は案件の再審査手続において行政機関が相手方当事者とみられるべきでないことは自明だという立法顧問院の指摘に基づく規定である。当事者となるということは行政裁判所の決定に対して上訴権を有することを意味する。行政機関でない私的主体—会社，組合，基金等—に行政的職務が委託されている事件類型においては当事者性に関する特別の法令の規定を要する。（立法作業段階では，決定行政機関が同一の案件において訴訟当事者となることは決定機関に対する中立性および客観性の要請に適合しないという批判がみられた。）

　ところで理由書は，行政訴訟において公的機関が一般的に当事者性を有すること

によって公共の利益が代表されるべき原則的な理由はない，全ての事件において私人の当事者が相手方当事者から反論を受けることが私人の利益になる，とはいえないとする。（口頭弁論において二当事者訴訟が当事者間の対話により審理の一層の充実に寄与できるような場合は別であるが。）Wennergren, s.143.（上記のような見解は，わが国の法律家などにはすこぶる奇異に思われるかも知れない。しかし，行政庁の側の過剰なまでの当事者活動がみられるわが国の行政訴訟とスウェーデンの行政訴訟との現実的機能を対比するとき，われわれは複雑な思いに駆られるはずである。なお立法者によれば，行政訴訟においては裁判所が事案の十分な解明について能動的でなければならず（8条参照），私人は法的補佐人ないし代理人を依頼することを要すべきでないということが基本的前提とされるべきである。Renfors och Sverne, s.201-202. ここに元スウェーデン行政最高裁長官のラーグネマルム博士がかつて私に語った「スウェーデンの行政訴訟は，伝統的に簡易・迅速・安価な法的保護を私人に与えてきた」という言葉を書き添えておきたい。9条の*も参照。）
**決定機関に行政高等裁判所の決定に対して上訴する一般的な権利を与えることは不適切と考えられたからである。Wennergren, s.142.

事件の取扱い

第8条* 裁判所は事件がその性質が要求するところに応じて明らかにされるよう十分に配慮し（tillse）**なければならない。***．****

　必要な場合には，裁判所は調査がどのように補充されるべきかについて指示する。過剰な調査は却下することができる。

*本条の規定するところは，明示されていないが職権審査主義（officialprövning）の問題すなわち裁判所はどの程度まで当事者の申立て・主張の範囲外の法的に関連する事実を審査・調査する可能性を有するかという問題にも関わる（この原則の意味内容について見解の一致はみられないが）。もっとも次条ないし19条から分かるように行政訴訟の基礎にあるのは対論主義（kontradiktoriska principen）であって，職権探知主義（inkvisitoriska principen）ではない。Wennergren, s.145-146, 158-160. なお，29条およびその*も参照。
**英訳は ensure。（以下，英訳は Regeringskansliet, Swedish statutes in translation 中の The Administrative Court Procedure Act（1971：291）による。）
***証明度の問題については一律に論じられない。刑事事件類似の行政事件におい

ては刑事事件と同様の高い証明度が要求される。しかし，通常の行政事件においてはそれほど高い証明度は要求されず，その程度は事案の性質による。概して事案が複雑・微妙なものであればあるほど証明度は高くなり，そして裁判所の調査責任も重くなる。Wennergren, s.150. 30条の**も参照。
****通例，行政裁判所は通常裁判所の確定判決における事実判断を基礎とすることができる。Wennergren, s.152.

第9条*　手続は書面でなされる。
　取扱いにおいて口頭弁論が調査上利益であるか，または事件の迅速な判断を促進すると考えられうるときは，ある問題に関して口頭弁論を含むことができる。
　行政高等裁判所および行政地方裁判所においては，事件において訴えを追行する私人が口頭弁論を求め，およびそれが不必要ではなく，かつそれに反する特段の事情も存しないときは，口頭弁論を行わなければならない。（法律1991：211）

　　*法務大臣は，行政訴訟が法的救済を求める者にとって迅速，廉価かつ比較的簡易であることの要請は主として書面手続の利用を是とするとしつつ，他方口頭主義は書面手続に対する価値ある補完物だという（行政訴訟において書面主義と口頭主義とは異なる選択肢とみられるべきではない）。なお上述したように，本条ないし19条の規定からは，行政訴訟の基礎を形成するものとしての対論主義的性質が明らかにされている。Wennergren, s.146, 170-171.

第10条　申請書，抗告状または事件を係属させるその他の書面およびこれらに属するものは，相手方当事者またはその他措置が問題とされる者*に交付されなければならない。受領者は一定の期間内に答弁することを，そうしなくても事件が判断されうる旨の制裁付きで命じられなければならない。
　第1項による通知は，以下各号の場合には必要でない，──
　1. 事件が全部または一部認容されるであろうと考えられる理由が存しないとき，
　2. そうでなくとも通知が明らかに不必要であるとき，

3. 相手方当事者が公的機関でありかつ通知が不必要であるとき，または
4. 通知が事件における決定の実施を著しく困難ならしめる虞れがありうるとき。（法律 1995：1692）

＊原則として交付を受ける者が相手方当事者であるか否かを確認することを要しない。未成年者に対する介入の事件では，しばしば未成年者自身およびその監護者双方に通知することが要になる。Wennergren, s.187-188.

第11条　答弁することを命じられた者は，裁判所が口頭弁論において答弁できる旨定めないときは書面でこれをしなければならない。

　答弁する者は，事件における申立てを認諾するかまたは争うか，事件が届出または確定請求によって係属したときは，問題となる措置を承認するかまたはこれに反対するかを示さなければならない。彼が申立てを争うかまたは問題となる措置に反対するときはその理由および援用しようとする証拠を示すべきである（bör）。＊, ＊＊

　答弁はそれがどの事件に関するかについての情報を包含しなければならない。

＊答弁においては抗弁（訴訟法上の抗弁および本案の抗弁）を，さらにおそらく反訴（反対申立て—motyrkande）もすることができる。Wennergren, s.194.
＊＊bör の英訳は shall で skall と区別されていない。

第12条　裁判所は申請人または上訴人に答弁およびこれに属するものを知り，かつ一定の期間内にこれについて書面で意見を述べる機会を，それが不必要でないときは与えなければならない。＊裁判所は彼に答弁について意見を述べることを，そうしなくても事件が判断されうる旨の制裁付きで命ずることができる。

＊この定めは 10 条よりも厳しいものである。Wennergren, s.195.

第13条　必要であるときは，裁判所は従前事案について決定した行政機関か

ら意見を聴かなければならない。*

>*本条は決定機関が事件において私人の当事者の相手方当事者でない場合に関する。Wennergren, s.197.

第14条*　口頭弁論には申請人または上訴人および事件において答弁する者を呼び出さなければならない。私人は本人が出頭することを，過料または彼の不出頭は事件の一層の取扱いおよび判断の障害を構成しない旨の制裁付きで命じられうる。**行政機関または法律の定めにより公共を代表するその他の当事者は，当事者の不出頭は事件の一層の取扱いおよび判断の障害を構成しない旨の制裁付きで命じられうる。

申請人または上訴人および事件において答弁する者は，訴訟手続法第5章第10条により妥当するのと同一の要件の下に口頭弁論において音声の送受信または音声および映像の送受信を通じて関与することができる。（法律2008：652）

>*口頭弁論の場所＝法廷における裁判所および当事者の配置についてはラウンドテーブル方式が最適で，裁判官席が壇上に位置する通常裁判所の口頭弁論の厳粛な構造は避けるべきである。通常裁判所から範型をとれば民事事件の口頭準備手続のそれが望ましいとされる。Wennergren, s.199.
>**口頭弁論への勾引に関する一般的規定は本法に存しないが，特別法令には行政地裁における勾引について定めるものがある。Wennergren, s.200.

第15条*　口頭弁論に出頭した私人の当事者は，裁判所が彼はその出頭のために補償を受けるのが合理的と認めるときは，**公費から旅費および滞在費の補償を受けることができる。裁判所は補償の前払を認めることができる。補償および前払に関する細則は政府が定める。（法律1980：275）

>*理由書によれば，口頭弁論への出頭費用の補償を受けうる私人の当事者の権利は，法的保護の見地からみて少なからぬ意義を有する。私人の当事者が過度に高額な出頭費用のために口頭弁論への不出頭を強いられるような事態は好ましくないからである。基本的出発点は，行政訴訟は私人の当事者にとって廉価でなければならないということなのである。

私人の当事者同士が対立する一般行政裁判所における若干の事件については，敗訴当事者が勝訴当事者にその訴訟費用を償還する義務が問題になりうる。訴訟費用に関する一般的な規定は本法に存しないが，民事事件の訴訟費用に関する訴訟手続法 18 章の規定がこのような場合についての道標となる。また，訴訟費用に関する特別の定めを有する特別法令もある。判例は，子の施設への引取り（överflyttning）の事件において敗訴当事者の社会福祉（執行）委員会に相手方当事者の訴訟費用の償還を命じている。Wennergren, s.204-205, 212, 214.
＊＊補償は旅費および滞在費に限られる。また，私人の当事者が通例自ら出頭費用を負担すべき場合として例えば運転免許証に関する事件が挙げられている。Wennergren, s.204-205, Renfors och Sverne, s.327.

第 16 条　口頭弁論の際の公開および秩序については，訴訟手続法第 5 章第 1 条ないし第 5 条，第 9 条および第 12 条の適用できる部分が適用される。訴訟手続法第 5 章第 1 条によるもののほか，裁判所は，弁論の際に裁判所のもとで秘密保護法（1980：100）に係る秘密が問題となる情報が提出されるであろうと考えられうるときは，非公開で弁論が行われるべき旨命ずることができる。（法律 2008：647）

第 17 条* 　口頭弁論の際は調書が作成される。調書は弁論の経過および弁論の際になされた調査の説明を包含しなければならない。調書には申立て，請求の認諾，請求棄却の申立て（bestridanden），異議・抗弁および自白を記載しなければならない。

　　＊細則は，一般行政裁判所における調書作成等に関する政令（1979：575）1-20 条に定められている。Wennergren, s.222.

第 18 条　事件が判断される前に，第 10 条第 2 項に述べるような反対の理由が存在しないときは，当事者は彼自身以外の者により事件に供給されたものについて知り，かつこれに関する意見を述べる機会を与えられなければならない。＊

*法務大臣は例外的場合の判断について慎重であるべき旨述べる。判例は使用者手数料（arbetsgivaravgift）に関する事件において，事件の判断に関連する内容の文書について上訴人に意見を述べる機会を与えなかった行政高裁の措置は本条に違反する，として事件を同高裁に差し戻した。Wennergren, s.224-225. （使用者手数料については租税支払法（1997：483）1章3条，9章参照。）

第19条　第10条第1項，第12条または第18条による通知義務については，秘密保護法（1980：100）第14章第5条*から結果する制限が適用される。（法律1980：204）

行政〔手続〕法16条の（本書150頁）にこの条文の邦訳がある。

若干の証拠方法

第20条　証拠として援用される書面は，裁判所に遅滞なく提出されなければならない。このような証拠についてはその他に訴訟手続法第38章第1条ないし第5条，第7条ないし第9条の適用できる部分が適用される。ただし，当事者以外の者に対する書面の提出のための補償は常に公費から支払われる。*（法律1980：104）

*この点は訴訟手続法38章7条と異なる。次条とともに，民事訴訟よりも行政訴訟のほうが公費による保護の面で厚遇されている。Wennergren, s.230-231.

第21条　裁判所に適切に提出しうる物件を証拠に援用するときは，物件は遅滞なく裁判所に提出されなければならない。このような証拠については，訴訟手続法第39章第5条の適用できる部分が適用される。ただし，当事者以外の者に対する物件の提出のための補償は常に公費から支払われる。*

*この点は訴訟手続法39章5条2項（38章7条を準用）と異なる。Wennergren, s.232.

第22条　当事者が書面または物件を証拠に援用するときは，裁判所は彼に一

定の期間内に書面または物件を裁判所に提出することを，そうしないときでも事件は判断されうる旨の制裁付きで命ずることができる。

第23条　裁判所は不動産もしくは場所または裁判所に適切に提出することができない物件の見分のために現場検証を命ずることができる。このような検証において職業上の秘密はそのための特段の理由が存するときにのみ暴露することができる。

　現場検証については口頭弁論に関する規定および訴訟手続法第5章第11条の適用できる部分が適用される。（法律2008：647）

第24条*　裁判所は特別の専門的知識を要求する問題について，公的機関，公務員もしくはそれ以外で当該分野に関する意見について援助すべき者から鑑定意見を入手し，またはその他の鑑定人を依頼することができる。

　鑑定人については訴訟手続法第40章第2条ないし第7条および第12条の適用できる部分が適用される。

　公的機関，公務員またはそれ以外の意見をもって援助すべき者の鑑定意見に対する補償は，特別の規定があるときにのみ支払われる。その他の鑑定人はその職務のために公費から補償を受ける権利を有する。**　裁判所はこのような補償の前払を認めることができる。

　　＊本条は裁判所の任命するいわゆる公的鑑定人に関する規定であり，当事者の依頼する私的鑑定人に関するものではない──26条の＊も参照。本条1項では「特別の専門的知識（särskild sakkunskap）」という表現を用いており，これはスウェーデン語として訴訟手続法40章1条の「特別の専門的知識（särskild fackkunskap）」よりも語義的に広汎であるように思われるが，実際の適用においてはほとんど差異は生じないとされる。Wennergren, s.235. ちなみにその英訳は，本項ではexpertise，訴訟手続法40章1条ではspecial professional knowledgeである。（最近の学説では，前者は裁判所鑑定人，後者は当事者鑑定人とよばれる──拙訳『スウェーデン訴訟手続法』40章冒頭の＊（214頁）を参照。）
　　＊＊公的鑑定人に対する補償はつねに国の負担に属する。Wennergren, s.240.

第 25 条　裁判所は証人または鑑定人の尋問を命ずることができる。このような尋問は口頭弁論において行われる。尋問は宣誓の下になされる。尋問については訴訟手続法第 36 章第 1 条ないし第 18 条および第 20 条ないし第 23 条ならびに第 40 章第 9 条ないし第 11 条，第 14 条，第 16 条および第 20 条の適用できる部分が適用される。

　証人または鑑定人は，口頭弁論において訴訟手続法第 5 章第 10 条により妥当するのと同一の要件の下に音声の送受信または音声および映像の送受信を通じて関与することができる。（法律 2008：652）

第 26 条　証人または鑑定人はその出頭のための費用について公費から補償を受ける権利を有する。＊裁判所は旅費および滞在費の前払を認めることができる。補償および前払に関する細則は政府が定める。

　証人または鑑定人が私人の当事者の申出に基づき呼び出され，かつ当事者がその申出について是認しうる理由を欠くことが証されたときは，裁判所は彼に補償金の国（statsverket）＊＊に対する償還を命ずることができる。＊＊＊（法律 1980：275）

　　＊この鑑定人とは公的鑑定人を意味するが，私人の当事者の申出による場合も含む。しかし鑑定人については出頭のための費用のみに関するから，その報酬は 24 条による。また，法律扶助を認められた私人が援用した鑑定人の報酬は法律扶助法 16 条の規定による。Wennergren, s.261-262, Renfors och Sverne, s.332.
　　＊＊statsverket は経済的統一体としてのスウェーデン国家の旧称。英訳は the Government。
　　＊＊＊私人の当事者が不必要な証人・鑑定人の尋問を申請することを防止する目的を有するが，不要か否かが事前には判断できず，尋問後にそれが判明することもありうる。法務大臣は，行政訴訟における私人の当事者による証人および鑑定人の申出はとくに一般的ではないことなどにかんがみ，費用の見地から私人の当事者が証人または鑑定人の申出を抑制せざるを得ないような状況を招くべきではないと述べている。Wennergren, s.261-262, Renfors och Sverne, s.332.

第 27 条　行政地方裁判所＊において証人または鑑定人の尋問が他の行政地方

裁判所によって行われるのが適切と認めるときは，裁判所はこの裁判所と協議のうえこれに関する決定をすることができる。

　第1項による証拠調べについては訴訟手続法第35章第10条および第11条の適用できる部分が適用される。（法律 1986：1322）

　　＊行政最高裁または行政高裁については適用されないことに注意を要する。Wennergren, s.262-263.

決定

第28条　抗告（besvär）を審査すべき裁判所は，上訴された（överklagade）決定がそうでなければ直ちに効力を生ずべきときは，当分の間効力を有しない旨および本案に関するその他の命令をもすることができる。＊, ＊＊

　　＊本条は上訴された事件のみに関し，申請事件や確定請求事件には適用されない。本条は執行停止（verkställighetsförbud, inhibition）と中間的決定一般（interimistiska beslut i allmänhet）の二つについて定める（後者の例としては確定前に執行力を認める決定）。Wennergren, s.263-264.
　　＊＊執行停止の決定について，行政法29条と本条は上訴を審査する公的機関が行政裁判所であるときには重複する。Wennergren, s.265.

第29条　裁判所の判断は，事件において申し立てられたものを超えてはならない。＊ ただし，裁判所は特段の理由が存在し，対立する私的利益を害することなくなされうるときは，申立てを超えて〔申立人である〕私人＊＊の有利に決定することができる。

　　＊訴訟手続法13章1条および2条は，給付訴訟と確認訴訟とを区別する。また刑事訴訟は（刑事）責任に関する。行政訴訟においても同様の区別が可能な事件は存在する。しかし多くの事件は，許可（tillstånd）や保護（vård）などでこのような類型化になじまず，個別の特別法令によって訴訟対象が決定されるものである。Wennergren, s.281.（ヘーゲルストレームに始まる法哲学のウプサラ学派の見解によれば，ある意味で全ての判決は法・権利形成的なものといえることになるので，現

在の訴訟理論では形成訴訟という概念はあまり用いられていない。ちなみに，訴訟手続法の理由書では給付，確認，権利形成という訴訟の3類型が区別されていた。Fitger, s.13：4a.）
＊＊英訳は for a private party。

第30条　事件に対する裁判所の判断＊は，書面が包含するものおよびその他事件において生起したものに基づかなければならない。＊＊

　決定からは結果を決定した理由が明らかにならなければならない。＊＊＊

　　＊行政訴訟法では一般に「判決（dom）」という言葉が用いられていないが（ただし32条参照），一般行政裁判所における調書作成等に関する政令（1979：575）30条によれば，本案に関する裁判所の判断は「判決」と表示される。Wennergren, s.300.
　　＊＊行政訴訟における証拠評価および証明責任の問題は，現在までのところ体系的検討の対象になっていない。詳細な検討がなされている唯一の分野は税務訴訟である。判例は，医師免許の取消しについて刑事事件の場合と同様の証明度（英語でいう beyond reasonable doubt）を要求している。もっとも，自動車運転免許の取消しの事件では，この取消しは刑事制裁に近い面があることを認めつつ，不適切な運転者から公衆を保護するという交通安全上の理由にかんがみ，刑事事件よりも低い証明度で足りるとしている。Wennergren, s.317-318.　8条の＊＊＊も参照。
　　＊＊＊事実摘示は自己目的でなくて決定の理由の明確化に奉仕すべきものであるのに，残念ながらスウェーデンの行政では決定における事実摘示に多くの労力が払われすぎる傾向があるといわれる。Wennergren, s.309-310.

第31条＊　裁判所が事件について判断する決定は，当事者に対し決定および少数意見がある場合にはそれを完全に表現する書面によって通知されなければならない。上訴ができる（kan överklagas）決定はさらに，決定に対し抗告（besvär）をしようとする者が遵守すべき事項に関する教示を包含しなければならない。

　上級の裁判所における審査のために特別の許可が要求されるときは，決定はこれに関する情報およびこのような許可が与えられる理由に関する情報を包含しなければならない。（法律 1994：436）

　　＊決定の成立については3段階が区別される。第1は決定が作成されること（事件

が判断される（målet avgöras））、第2は決定が発せられること（meddelas）、第3に決定を表現する書面が当事者に通知（交付）されること（tillställs）である。本条はその第3段階のみに関する。本条の説明に関連して、注釈書は meddela(s) という語が二つの異なる意味で用いられることに注意を喚起している。一つは情報などを「知らせる，通知する」という意味であり，もう一つは決定などを「発する，措置をとる」という意味である。したがって，「裁判所はおって事件における決定が何時発せられる（meddelas）かについて通知する（meddela）」という言い方は誤りでないとされる。Wennergren, s.319. （本訳稿ではおおむね「発する」と訳している。）

第32条* 裁判所が，判決または決定に裁判所またはその他の者による書損，計算違いまたはその他同様の不注意の結果として明白な過誤を包含すると認めるときは，裁判所は更正の決定をすることができる。

裁判所が不注意により判断に関連して与えるべき決定を行うのを怠ったときは，裁判所は上記の判断が確定力を取得してから6月内にその判断を補充することができる。ただし判断が与えられてから2週間よりも後の補充は，当事者がそれを求め，かつ相手方当事者が補充に反対しないときにのみ行うことができる。

更正または補充がなされる前に当事者らは，それが不必要でないときは第2項第2文に係る場合以外においても意見を述べる機会を与えられなければならない。決定は可能であれば更正または補充される判決または決定の書面の全ての写しに記入されなければならない。（法律2001：27）

*行政訴訟においては訴訟手続法18章14条に相当する規定はないので，裁判所は事後に訴訟費用および法律扶助費用に関する決定を別個にすることができる（判例）。Wennergren, s.325.

上訴

第33条* 行政地方裁判所の決定に対しては行政高等裁判所に上訴がなされる。行政高等裁判所の決定に対しては行政最高裁判所に上訴がなされる。

決定が関わる者**はそれが彼に不利益であるときは決定に対して上訴する

ことができる。

　審査許可を与える行政高等裁判所の決定に対しては上訴することができない。***

　上訴が遅れて到達したことを理由に上訴を却下し，かつ裁判所が上訴の後にこの決定について審査したかまたはこのような上訴について審査許可を拒否したときは，裁判所の決定に対して上訴することはできない。（法律 1998：374）

　　*本条は行政裁判所のした決定のみに関する。行政機関の決定に対する行政裁判所への上訴については行政法および特別法令に規定が存する。Wennergren, s.328.
　　**一般原則としては決定が法的性質の明白な効果を有する者を意味するが，判例はさらに顕著な事実上の効果を与える場合を含むとしている（もっとも，事案は行政機関の決定に対する上訴に関する）。Wennergren, s.328.
　　***本項は，公的機関である相手方当事者が審査許可に対して上訴しようとすることから審査許可を与えられた私人を保護する面で特別の意義があるとされる。Wennergren, s.334.

第34条　事件が判断されることを意味しない決定に対する上訴（talan）は，事件自体の決定に対する上訴に関連してのみすることができる。ただし，以下各号の場合には別個に上訴をすることができる。すなわち，裁判所が——

1. 裁判所の構成員に対する除斥・忌避の異議または事件の審理のための障害が存する旨の抗弁を棄却したとき，
2. 代理人または補佐人を排除したとき，
3. 事件の判断までの中間に本案に関する命令をしたとき，
4. ある者が裁判所の前に出頭する以外の仕方で協働することを命じ，かつその命令の遵守の懈怠が彼に対する特別の制裁を伴いうるものであるとき，
5. 命令遵守の懈怠のために過料もしくはその他の制裁を課し，手続上の軽罪のために刑罰に処し，または証人もしくは鑑定人に怠慢もしくは不出頭に起因する費用の償還を命じたとき，
6. 人または財産の調査もしくは監守またはこれに類する措置に関する命令をしたとき，

7. 事件におけるある者の協働に対する補償に関する決定をしたとき，
8. 法律扶助法（1996：1619）による法律扶助に関する問題について第7号以外の場合において，または公的補佐人に関する法律（1996：1620）による公的補佐人の問題について判断した（utlåtit sig）＊とき，または
9. 租税，関税および手数料の支払確保に関する法律（1978：880）第7条第1項による期間延長について決定したとき。

事件を下級審に差し戻す決定に対しては，決定が事件の結果に影響をおよぼす問題の判断を包含するときにのみ上訴をすることができる。（法律 1996：1635）

＊英訳は expressed an opinion。

行政高等裁判所における審査許可

第34条a 特別に定められた事件については，行政高等裁判所が，行政地方裁判所が事件において発した決定に対する上訴を審査するために審査許可が要求される。＊このような事件に直接に関連を有する問題における行政地方裁判所の決定についても同様である。＊＊ただし，このような許可は上訴が国会オンブズマンまたは法務監察長官によりなされる時は要求されない。

審査許可は以下各号の場合に与えられる——
1. 上訴が上級の裁判所によって審査されることが法適用の指導上重要であるとき，
2. 行政地方裁判所が達した主文を変更する理由が存在するとき，または
3. そうでなくとも上訴を審査する顕著な理由が存するとき。

審査許可が与えられないときは行政地方裁判所の決定は確定する。これに関する情報は行政高等裁判所の決定の中に掲げられなければならない。（法律 1998：374）

＊高裁の民事事件の場合（訴訟手続法49章12条）と異なり，法文から明らかなようにとくに法令においてその定めがある場合に限られる。もっとも，現在では大部分の行政法令に審査許可を要求する旨の定めがなされている。Wennergren, s.357.
＊＊その例として事件の審査を却下する行政地裁の決定が挙げられている。審査許可が要求される決定は，事件における実体的判断のみならず，全ての決定を含むのである。Wennergren, s.357-358.

行政最高裁判所のもとでの上訴に関する特則

第35条　上訴，確定請求または申請によって行政高等裁判所に提起された事件における行政高等裁判所の決定に対する上訴は，行政最高裁判所が審査許可を与えたときにのみ行政最高裁判所によって審査される。＊

　審査許可が与えられないときは行政高等裁判所の決定は確定する。これに関する情報は行政最高裁判所の決定の中に掲げられなければならない。

　第1項に述べるところは以下各号の場合には適用されない——

1. 懲戒責任または保健・医療，歯科医療もしくは薬剤の小売業の分野において業務を行う資格の取消しもしくは制限もしくは獣医業を行う資格の取消しに関する事件において国会オンブズマンまたは法務監察長官が行う上訴，または

2. 信用情報法（1973：1173），債権取立業法（1974：182）または一般カメラ監視に関する法律（1998：150）による事件において法務監察長官が行う上訴。（法律1999：98）

　　＊現在では確定請求により行政高裁に係属する事件は存しない。しかし，再審，喪失した期間の回復などの手続は申請によって開始される。Wennergren, s.361-362.

第36条　審査許可は，以下各号の場合に与えられる，——

1. 上訴が行政最高裁判所によって審査されることが法適用の指導のために重要であるとき，または

2. 再審の事由が存在するかまたは行政高等裁判所における事件の結果が明

らかに重大な不注意もしくは重大な錯誤に基づくものであるような審査のための顕著な理由が存在するとき。

　審査許可が同時に判断のために存在する二つまたは多数の同種事件の一つについて与えられるときは，審査許可はその余の事件についても与えることができる。

　審査許可は上訴された（fullföljda）事件に関する決定の一部に妥当するよう制限することができる。（法律 1980：275）

第37条　審査許可が要求される事件にあっては，上訴人が行政最高裁判所において初めて援用する事実または証拠は，特段の理由が存するときにのみ斟酌されうる。

　若干の事件において新たな事実を顧慮または援用することに対する障害に関する規定は，地方自治体法（1991：900）第10章第10条に存する。（法律 1999：934）

第37条 a　削除（法律 1995：22）

再審および喪失した期間の回復

第37条 b　再審は，特段の事情（förhållande）に基づき，本案を新たに審査する顕著な理由が存するとき事件または案件について認可されうる。（法律 1995：22）

第37条 c　上訴のための期間またはこれと同視される措置が正当な弁明（giltig ursäkt）を構成する事情に基づき喪失されたときは，その期間を回復することができる。（法律 1995：22）

罰則

第38条＊　口頭弁論の際弁論を妨害した者，法廷において写真撮影をした者または訴訟手続法第5章第9条を引照する第16条の支持をもって発せられた規制（föreskrift）もしくは禁止に違反する者は金額罰金に処せられる。裁判所の前において口頭で，または裁判所に対し書面で不穏当な言明をした者も同様の刑罰に処せられる。（法律 1991：298）

　　＊訴訟手続法9章1条ないし4条に定める訴訟手続の濫用に関する軽罪（悪意をもってする上訴など）に相当するものがみられないことが注目に値する。法務大臣は，行政訴訟ではこのような訴訟手続の濫用に対する処罰規定を設けるべき格別の必要性は乏しいだろうと説明している。Wennergren, s.403.

第39条　正当な理由がないのに裁判所の命令により公表してはならないとされている事項を漏らした者は罰金に処せられる。（法律 1980：104）

第40条　削除（法律 1987：748）

その他の諸規定

第41条　この法律により事件を取り扱う者に対する除斥・忌避については訴訟手続法第4章における裁判官に対する除斥・忌避に関する規定が適用される。

第42条　裁判所は職権で手続中の軽罪のための責任およびこの法律に基づき命じられた過料の賦課の問題を取り上げなければならない。＊

　　＊本条は，裁判所の特別管轄および裁判所は訴追および捜査なしに職権で責任問題を取り上げるべきことを定める。Wennergren, s.408.

第43条　申請人，上訴人またはその他の当事者は，秘密保護法（1980：100）

第 14 章による制限をもって事件に供給されているものを知る権利を有する。*
（法律 1980：104）

 *本条は秘密保護法の秘密に対する当事者の知る権利（当事者公開（partoffentlighet））について規定する。これは法的社会における基本原則だと理由書は述べている。Wennergren, s.409.

第 44 条 文書は，文書または文書が同封されている郵券支払済みの郵便物に関する通知状が裁判所に到着し，または権限を有する職員の手元に達した日に裁判所に到達したものとみられる。裁判所が特別に裁判所宛ての電報が電報局に到着している旨の通知を受けた場合は，電報はすでにこの通知が権限を有する職員に達した時に到達したものとみられる。

 文書またはこれに関する通知状がある日に裁判所の事務局に交付され，または郵便局で裁判所のために分離された*と考えられうる場合，それが直近の執務日に権限を有する職員の手元に達したときは，前者の日に到達したものとみられる。

 電報またはその他の署名されていない通知〔書面〕は，裁判所が求めるときは発信者が自署した文書によって確証されなければならない。（法律 1973：246）

 拙訳『スウェーデン訴訟手続法』33 章 3 条の（186 頁）を参照。

第 45 条 口頭弁論に呼び出された者が出頭に差支えがあるときは，彼は直ちにその旨を裁判所に届け出なければならない。

第 46 条 懈怠の正当な理由については，訴訟手続法第 32 章第 6 条および第 8 条が準用される。

第 47 条* 裁判所が文書の内容またはその他のことをある者に知らせるべきときは送達により行うことができる。送達は，とくにそれについて定められているときまたは通知に関する規定の目的にかんがみ送達を行うべきことが明ら

かであるとき用いられなければならない．しかしその他の場合には事情にかんがみそれが要求されるときにのみ利用されるべきである．（法律1990：1412）

　　＊代理人が文書を受領する権限を有するときは（代理人には原則としてこの権限がある），文書は代理人に伝達されるべきである．本人に伝達されるときは代理人にこの旨を通知すべきである（送達法11条）。Wennergren, s.428-429.

第48条　事件において訴えを追行する者は代理人または補佐人を用いることができる。*, **

　代理人または補佐人が無能もしくは判断力に欠けることを示すとき，またはそうでなくとも不適切であるときは，裁判所は彼を事件における代理人または補佐人から排除することができる．裁判所はまた，彼をその裁判所における代理人または補佐人として一定の期間または当分の間用いられる適格を有しない旨宣言することができる．

　第2項により排除され，または不適格を宣言された者が弁護士であるときは，弁護士会の理事会のもとにこの措置に関する通知がなされなければならない。（法律1987：748）

　　＊訴訟手続法12章3条（裁判官，検察官等が代理人になることの原則的禁止）に直接対応するような規定は行政訴訟法には存しない．しかし，公的雇用に関する法律（1994：260）7条によれば，被用者は彼または他の被用者の職務における中立性に対する信頼性などを損なうような委託を受けることができないこと，各公的機関の規則（instruktion）によれば一定範囲の被用者には行政裁判所における代理人としての受任の明示的な禁止が適用されることに留意しなければならない．また，行政裁判所の参審員が代理人になることも原則として不適切とされる．Wennergren, s.431.

　　＊＊訴訟手続法12章4条（いわゆる代理人の除斥・忌避事由）に対応する規定も行政訴訟法にはない．しかしこのような場合には，その者を代理人から排除するか，または裁判所の構成員の交替を行うことになるとされる．なお，行政訴訟においてはしばしば，配偶者，親族またはその他相当のわきまえのある者（någon förståndig person）が代理人になることを認めるべきだとされる．Wennergren, s.431-432.

第49条 代理人は代理権授与によりその権限を証しなければならない。＊代理権授与は代理人の氏名を包含しなければならない。代理人が他の者に自分の地位の代わりをさせることができるときは、その旨が表示されていなければならない。

　代理人がその権限を証しないときは、裁判所は代理人または本人に対し欠缺を補正するよう命じなければならない。このような場合が代理人により署名された申請書または抗告状に関するときは、命令において事件は命令が遵守されたときにのみ審査に取り上げられる旨を示さなければならない。自己の権限を証しない代理人によりその他の措置がとられているときは、命令においてこの措置は命令が遵守されたときにのみ顧慮される旨を示さなければならない。

　　＊代理権授与は、当事者が裁判所の前において口頭で与えたそれを包含するか、または常に書面によらなければならないかは規定上明らかでない。しかし、口頭の代理権授与も差し支えないとされている。Wennergren, s.432-433. 訴訟手続法12章8条参照。ちなみに英訳は power of attorney である。

第50条＊ 当事者、証人またはその他裁判所の面前で尋問されるべき者がスウェーデン語の十分な能力を有しない場合または彼が聴力もしくは発語能力に重大な障害を有する場合、裁判所は必要であれば通訳を用いなければならない。裁判所はその他の場合においても必要であれば通訳を用いることができる。

　第1項は点字から通常の文字への反訳またはその逆の反訳についても適用されなければならない。

　事件において訴えを追行する者に対する立場に基づきまたはその他これと同視される事情に基づき、その信頼性が減弱するとみられうる者は、通訳として用いてはならない。（法律1990：452）

　　＊本条は行政訴訟が書面手続によることも考慮して形成されており、通訳には書面の翻訳を含む（訴訟手続法5章6-8条とは異なる）。1項2文は書面手続における通訳の必要性に関するものである（行政〔手続〕法8条参照）。Wennergren, s.435.

第51条* 　口頭弁論の際通訳として用いられる者は，裁判所の前で彼は最上の理性に従いその職務を遂行する旨の宣誓を行わなければならない。彼が裁判所から引き続きこのような職務を保持する〔ことになる〕と考える理由があるときは，彼は将来の職務に関しても宣誓を行うことができる。（法律1975：1298）

> *注釈書は，裁判所の構成員が通訳として用いられるときは，本条による宣誓は必要でなく，裁判官宣誓が十分な保障になるという。Wennergren, s.436. （簡易・廉価を重視する行政訴訟の特色にかんがみ裁判所構成員による通訳を許容することを前提とした記述かと思われる。拙訳『スウェーデン訴訟手続法』5章6条の*（29頁）を参照。）

第52条* 　公務（tjänsten）以外に通訳としての職務（uppdrag）を遂行する者はその仕事，時間の空費**および職務が必要とする支出に対し合理的な補償を受ける権利を有する。政府または政府が定める公的機関は，口頭の翻訳の際の通訳に対する補償の決定にあたって適用されるべき料金表を作成する。

　通訳の費用は公費から支払われる。（法律1979：290）

> *拙訳『スウェーデン訴訟手続法』5章8条およびその*（30頁）を参照。
> **法律扶助法27条の*（本書187頁）参照。

第53条　この法律において私人の当事者について述べるところは，当事者の法定代理人にも適用できる部分が適用される。

若干の政府の決定の司法審査に関する法律
(2006：304)*

*2009年版の後の改正法律として 2009：347, 2009：1539 等がある。

第1条　私人は，人権および基本的自由の保護に関する 1950 年 11 月 4 日のヨーロッパ条約第 6 条 1 に係る意味における私人の民事上の権利または義務の審査を包含するような政府の決定の司法審査を申請することができる。

第2条　環境法第 16 章第 13 条に係る環境組織〔団体〕は，環境問題における情報へのアクセス，決定過程における公衆の関与および司法審査へのアクセスに関する 1998 年 6 月 25 日の条約*第 9 条 2 に包含されるような政府の許可決定の司法審査を申請することができる。

*全 EU 加盟国間の条約で，その会議がデンマークのオーフス（Århus）で開催されたことからオーフス条約とよばれる。

第3条　行政最高裁判所が司法審査に関する申請を審査する。

第4条　司法審査に関する申請は遅くとも決定の日から 3 月内に行政最高裁判所に到達していなければならない。
　申請からは，決定が違反すると申請人が考える法規およびこれを支持するために援用される事実が明らかにならなければならない。

第5条　政府の決定は司法審査に関する申請がなされたとしても効力を有する。ただし行政最高裁判所は，決定が当分の間効力を有しない旨決定することができる。

第6条　第1条による司法審査に関する事件においては，申請人がそれを求めかつ明らかに不必要でないときは口頭弁論を行わなければならない。

第7条　行政最高裁判所は，政府の決定が申請人が述べたような仕方で，または諸般の事情から法規に反することが明らかと認めるときは，決定を取り消さなければならない。ただし瑕疵が判断のために意義を欠くことが明らかなときはこの限りでない。行政最高裁判所は必要であれば，案件を政府に差し戻さなければならない。

　政府の決定が取り消されないとき，それは確定する。

第8条　司法審査に関する事件は遅れて到達した申請を却下する決定の際またはそうでなくとも審査が簡易な性質のものであるときは，3人の行政最高裁判所判事による部で判断することができる。その他の場合には一般行政裁判所に関する法律（1971：289）における行政最高裁判所の構成に関する規定が適用される。

1. この法律は2006年7月1日から施行し，同日をもって若干の行政決定に対する司法審査に関する法律（1988：205）は廃止される。
2. ただし廃止される法律は，施行前に発せられた決定に対する司法審査に関する申請が廃止される法律により審査することができたものに関するとき，ならびに行政高等裁判所が廃止される法律により発した判断に対する上訴に関するときは，なお効力を有する。

行政〔手続〕法（1986：223）*, **

*本法の名称は直訳すれば「行政法」であるが，その内容は行政手続の基本法というべきものであり，また，英訳名も The administrative procedure act となっているので，行政〔手続〕法と訳する（ちなみに，行政訴訟法の英訳は The administrative court procedure act）。以下，ときに行政法または行政手続法ということがありうる。

本法の前身は同名の法律（1971：290）で，その大部分は本法に引き継がれている。
　本訳稿は，前掲の拙訳，ハンス・ラーグネマルム『スウェーデン行政手続・訴訟法概説』所収の訳文に，その後の改正をフォローしかつ若干の修正をこころみたものである。
　なお，行政手続法の目的について Trygve Hellners och Bo Malmqvist の冒頭部にすこぶる感銘深い一節があるので，ここに訳出しておきたい。
　「行政手続法は多くの目的を有する。公的機関が公衆にサービスを与えることを確保することもその目的である。…法的保障〔法の支配〕とサービスとの間には関連があるというのが本法の立法者の見解である：法的保障は公的機関が迅速，簡易にして一義的な情報を提供し，かつ私人に助力の手を差し伸べることによって促進されるのである。」Hellners och Malmqvist, s.11.
＊＊2009 年版の後の改正法律として 2009：434, 2009：798 がある。

本法の適用範囲

第 1 条　この法律は行政機関の案件の取扱い（handläggning av ärenden）＊および裁判所の行政案件の取扱いについて適用される。第 4 条ないし第 6 条の規定はこれらの公的機関＊＊のもとでの他の行政活動についても適用される。第 22 条 a に上訴および行政高等裁判所における審査許可の要求に関する規定が存する。（法律 1998：386）

　　＊ラーグネマルム 15-16 頁，8 uppl., s.20. なお，拙訳『スウェーデン訴訟手続法』vii 頁（凡例 3—本書 v 頁に再掲）参照。
　　＊＊行政機関と公的機関との異同については，ラーグネマルム 27 頁注（1），34-36 頁，8 uppl., s.39-41.

第 2 条　第 31 条ないし第 33 条において，若干の公的機関の活動におけるこの法律の適用の制限が規定される。

第 3 条　他の法律または政令が，この法律から乖離する規定を包含するときは，その規定が適用される。
　ただし，この法律における上訴に関する規定は，人権および基本的自由の保

護に関する 1950 年 11 月 4 日のヨーロッパ条約第 6 条 1 による市民的権利または義務について裁判所の審査を求める権利の充足が必要とされるときは常に適用される。（法律 2006：306）

公的機関のサービス義務

第 4 条　全ての公的機関は，私人（enskilda）* に対しその公的機関の活動領域に関する問題について，情報，案内，助言およびその他同様の援助を与えなければならない。この援助は，問題の性質，私人の援助の必要および公的機関の活動にかんがみ適切な範囲で与えられなければならない。

　私人からの問合わせにはできる限り速やかに応答しなければならない。

　私人が誤解により誤った公的機関に向かっているときは，その公的機関は彼が誤りを正すのを援助すべきである（bör）。

　　*本条および本法の他の箇所において私人とは，原則として自然人のみならず企業，組織その他の私的主体をさす。Hellners och Malmqvist, s.74. 英訳は文脈に応じて person, people, someone など。（以下，英訳とは同書所収のものをさす。）

第 5 条　公的機関は私人からの訪問および電話での対話を受け付けなければならない。そのために特定の時間が定められているときは，公衆に対しその旨を適切な仕方で知らせなければならない。

　公的機関はまた，私人がファックスおよび電子郵便の助力をもって接触し，かつ同様の仕方で応答することが可能であるよう配慮しなければならない。

　公的機関は全ての平日の月曜日から金曜日まで最短 2 時間，公〔的〕文書（allmänna handlingar）* を受理および登録し，かつ公的機関のもとに保管される公（的）文書の提供に関する申出を受け付けることができるために開かれていなければならない。ただしこのことは，同時に夏至前夜祭（midsommarafton），クリスマス・イブまたは大晦日にあたるような日については妥当しない。（法律 2003：246）

＊この公〔的〕文書には私人が作成し，公的機関に提出・保管されている文書を含む（出版の自由に関する法律（基本法）2章3条1項）。わが国の情報公開法にいう「行政文書」にほぼ相当する（行政機関の保有する情報の公開に関する法律2条2項参照）。英訳は official documents。

公的機関の間の協力

第6条　全ての公的機関は，自己の活動の枠内で他の公的機関に援助を与えなければならない。＊

　　＊本条は行政が効率的であることへの関心の表現であると同時に，公衆に対する行政のサービス義務の規制の一環として理解される（いわゆるたらい回しの防止など）。Hellners och Malmqvist, s.87.

案件の取扱いに関する一般的要請

第7条　私人が当事者である場合の全ての案件は，できる限り簡易，迅速そして廉価に，法的保障を無視することのない取扱いがなされなければならない。取扱いの際公的機関は必要であるときは，自ら他の公的機関から情報および意見を入手することの可能性について顧慮しなければならない。公的機関は分かりやすく表現するよう努めなければならない。その他の仕方でも公的機関は，私人のためにその行うことが容易になるようにしなければならない。＊

　　＊例えば，案件の取扱いの所要予定期間や担当者を知らせること。Hellners och Malmqvist, s.97.

通訳

第8条　公的機関がスウェーデン語の能力が十分でない者または聴力もしくは発語能力に重大な障害がある者と接する時，必要であれば通訳＊を用いるべきである（bör）＊＊。

> *この通訳は，通訳および翻訳者（tolkare och översättare）の意である。Hellners och Malmqvist, s.98, 395. 行政訴訟法 50 条およびその*（本書 139 頁）も参照。
> **英訳は should。

代理人および補佐人

第 9 条 案件における申立てを追行する（för talan）者*は，代理人または補佐人を用いることができる。ただし，公的機関が求めるときは，代理人を有する者も自身で協働しなければならない。

代理人または補佐人が無能もしくは判断力に欠けることを示すとき，またはその他の仕方で不適切であるときは，公的機関はその者を案件における代理人または補佐人から排除することができる。

代理人または補佐人を排除する公的機関の決定に対しては別個に上訴することができ，かつこの場合は公的機関が案件について判断するのと同様の手続による。

> *案件における申立てを追行する者とは，厳密な意味での当事者（part）よりも広く，事案の結果に事実上の（例えば経済的）利益を有する者を含む。Hellners och Malmqvist, s.109-110. 英訳は「事件の当事者である者（anyone who is a party to a matter）」とやや意訳されており，これはすこぶる分かりやすいが，本訳稿では原文を忠実に再現するようにした。

文書の到達

第 10 条 文書は，文書または文書が同封されている郵券支払済みの郵便物に関する通知状が公的機関に到着し，または権限を有する職員の手元に達した日に公的機関に到達したものとみられる。公的機関が特別に公的機関宛ての電報が電報電話業務を取り扱う企業のもとに存する旨の通知を受けた場合は，電報はすでにこの通知が権限を有する職員に達した時に到達したものとみられる。

文書またはこれに関する通知状がある日に公的機関の構内で交付され，また

は郵便局で公的機関のために分離されたと考えられうる場合，それが直近の執務日に権限を有する職員の手元に達した時は，前者の日に到達したものとみられる。

電報またはその他の署名されていない通知〔書面〕は，公的機関が求めるときは発信者が自署した文書によって確証されなければならない。（法律1993：611）

除斥・忌避

第11条*　案件を取り扱う者は，以下各号の場合には除斥・忌避される——
1．案件が彼自身もしくはその配偶者，両親，子，兄弟姉妹もしくはその他の近親者**に関わるとき，または案件の結果が彼自身もしくはその近親者にとって著しい利益もしくは損害を伴うと予期されうるとき，
2．彼またはその近親者が，本案が関わる者または案件の結果が著しい利益もしくは損害を伴うと予期されうる者の法定代理人であるとき，
3．案件が他の公的機関の決定に対する上訴もしくは他の公的機関の決定の確定請求***によって，または他の公的機関に対する監督の理由に基づき公的機関のもとに提起され，かつ彼が従前他方の公的機関のもとで本案に関する案件の終局的な取扱いに関与したとき，
4．彼が本案について代理人として申立てを追行し，または報酬を得てある者を補佐したとき，または
5．その他，案件における彼の中立性に対する信頼を損なうのに寄与するような特段の事情が存在するとき。
中立性に関する問題が明らかに意義を欠く時は，除斥・忌避の問題を生じない。****

　　＊拙訳『スウェーデン訴訟手続法』4章13条およびその注記（24-25頁）を参照。
　　＊＊国会オンブズマンによれば，一般保険基金の理事は彼の息子と同棲している女性が応募した任命の案件に関与すべきでない。ラーグネマルム58-59頁，8 uppl.,

s.67, Hellners och Malmqvist, s.138-139.
***『スウェーデン法律用語辞典』の underställning の項，ラーグネマルム 48 頁，8 uppl., s.56-57 を参照。
****とりわけサービス案件例えば私人に対する非拘束的な情報の提供。Hellners och Malmqvist, s.152.

第12条　除斥・忌避原因がある者は案件を取り扱うことができない。ただし，他の者がするのでは不当な遅延（oläglikt uppskov）が生じうる措置については行うことができる。

　彼に対する除斥・忌避原因を構成すると考えられうる事情について知る者は，自発的にそれを開示しなければならない。

　ある者に対する除斥・忌避の問題が生じ，かつ他に彼を代替する者がいないときは，公的機関は速やかに*除斥・忌避の問題について決定しなければならない。除斥・忌避が問題とされている者は，公的機関が彼を欠くと決定権がなく，かつ他の者を不当な遅延なしには召集することができないときに限り，除斥・忌避の問題の審査に関与することができる。

　除斥・忌避の問題に関する決定は，公的機関が案件について判断する決定に関連してのみ上訴することができる。

*国会オンブズマンは，社会福祉（執行）委員会が社会福祉部職員（socialsekreterare）に対する除斥・忌避の異議の案件において形式的な決定で審査するのにほぼ2月も要したことを批判した。Hellners och Malmqvist, s.157. socialsekreterare については，大阪外国語大学デンマーク語・スウェーデン語研究室編『スウェーデン・デンマーク福祉用語小事典』（新装版，2001，早稲田大学出版部）69頁を参照。

レミス（remiss）*

*レミスは1809年の統治組織法（憲法）に淵源を有するスウェーデンの立法・行政過程における重要な制度であり，わが国の制度などに引き付けた誤解を避けるため，原語の発音のまま表記した。英訳は reference for reviews など。Hellners och Malmqvist, s.157, 397. なお，とくに立法過程におけるレミスについては『スウェー

デン法律用語辞典』の remiss の項を参照。

第13条*　公的機関はレミスを通じて意見を入手する前に，その措置の必要性について十分に審査しなければならない。意見が複数から入手される必要があるときは，特段の理由が他に導かないならば同時に行われなければならない。

　レミスにおいては不必要でないならば，どの点についてかつ何時までに意見が求められているかを示さなければならない。

　　*レミスの相手方は，他の公的機関，地方自治体，県参事会，組織，企業その他の私人でありうる。ラーグネマルム 83 頁，8 uppl., s.95, Hellners och Malmqvist, s.157.

口頭の取扱い

第14条　私人に対する職権行使に係る案件*において申請人，上訴人またはその他の当事者が口頭で情報を提出しようと欲する場合，執務の適切な進行にかんがみそれができるときは，彼はその機会を与えられなければならない。

　その他の場合においては公的機関が取扱いが口頭であるべきか否かについて定める。公的機関はとくに口頭の取扱いは私人にとって事案への対処を容易にしうることを顧慮しなければならない。**

　　*私人に対する職権行使の案件は，法的保障の見地から厳格に規制（整）されている。職権行使とは「私人にとって利益，権利，義務，懲戒処分，解雇またはその他同視される関係について定める権限の行使」として理解されるべきである。ラーグネマルム 37 頁，8 uppl., s.42, Hellners och Malmqvist, s.24.
　　**本項における口頭の取扱いとは，正式の口頭の集会のみならず非形式的な電話による接触などを意味する。原文は 7 条末文とほぼ同じだが，文脈にかんがみ訳文を変えた。英訳も両者が異なる。Hellners och Malmqvist, s.165-167, 395, 397.

情報の記録化

第15条　公的機関が文書以外の仕方で得た情報で，かつ案件の結果に有意義

でありうるものは，案件が私人に対する職権行使に係るときは，公的機関によって記録されなければならない。

情報を知る当事者の権利

第16条　申請人，上訴人またはその他の当事者は，案件が私人に対する職権行使に係るときは，案件に供給されているものを知る権利を有する。情報を知る権利については，秘密保護法（1980：100）第14章第5条＊による制限が適用される。（法律1980：100）

>　＊同条の全文は以下のとおりである。
>　「秘密は，裁判所またはその他の公的機関のもとでの訴訟または案件において申請人，上訴人またはその他の当事者が，訴訟または案件における文書またはその他の資料〔の内容〕を知ることを妨げない。ただし文書またはその他の資料は，公共または私人の利益にかんがみ資料中の秘密と決定された情報が開示されないことが著しく重要な限りで提供されない。このような場合公的機関は，当事者が自己の権利を擁護しうるために必要であり，かつ秘密が保護されるべき利益にとって重大な侵害なしになされうる限り，当事者に対し他の仕方で資料が包含するものに関する情報を提供しなければならない。
>　秘密は訴訟または案件における当事者がその訴訟または案件における判決または決定について知ることを決して妨げない。また，訴訟または案件の判断のための基礎に置かれる全ての事実を知ることができるという訴訟手続法による当事者の権利の制限を意味しない。
>　第1項および第2項の規定は，法律においてこれから乖離する定めがなされているときは適用されない。（法律1991：575）」（ラーグネマルム180頁注（1）の訳文をやや修正した。）なお秘密保護法は，公開および秘密保護法（2009：400）の制定・施行により廃止された。本条の規定は新法10章3条に引き継がれている。

第17条　案件が私人に対する職権行使に係るときは，申請人，上訴人またはその他の当事者が彼自身以外の者によって案件に供給されている情報について通知され，かつそれについて意見を述べる機会を得ることなしに，案件を判断してはならない。ただし公的機関は，以下各号の場合にはそうすることなしに

案件を判断することができる——
1. 判断が当事者に不利益でないとき，情報が意義を欠くとき，または上記の措置がその他なんらかの理由により明らかに不必要であるとき，
2. 案件が職務への任命，任意的な教育のための採用，* 最終的成績評価（betygssättning),** 研究補助金の配分またはこれと同視されるもので，かつ上訴後の上級審における審査の問題ではないとき，
3. そうでなければ，案件における決定の実施が著しく困難になる虞がありうるとき，または
4. 判断が延期できないものであるとき。

公的機関は通知が口頭，通常の郵便，送達またはその他の仕方のいずれで行われるべきかについて定める。

通知義務については秘密保護法（1980：100）第14章第5条による制限が適用される。

　*高等学校，大学への入学許可は本号に該当する。Hellners och Malmqvist, s.202.
　**主として卒業・修了資格証明（書）の発行に関する。英訳は issuance of diplomas or grades。Hellners och Malmqvist, s.202, 398.

票決

第18条　決定が複数の者により共同でなされるべきもので，かつ彼らの意見が一致しないときは，議長は提出された様々な決定案を議に付する。全ての提案は，肯定または否定で答えられるようにして議に付されなければならない。判断に関与する者らが提案に対する見解を示した後に，議長が彼の見解によれば決定されたものを述べる。票決が求められないときは，これが決定になる。

　票決が求められるときは，それは公然と行われなければならない。* 提案が二つよりも多いときは，最初にどの提案が議長の見解によれば決定されたものに対置されるべきかを判断しなければならない。結果は単純多数決によって決せられる。可否同数のときは議長の決するところによる。**

私人に対する職権行使に係る案件においては，終局的取扱いに関与する全ての構成員は判断にも関与する義務を負う。ただし何人も一つよりも多くの提案に投票する義務を負わない。
　議長は，案件が判断されうるために必要である時は常に投票する義務を負う。

　　＊公然とは，構成員はその他の構成員に対して彼（女）がどのような投票（見解の表明）をするかを語らなければならないことを意味する。秘密投票は特別の法令の支持がなければできない。Hellners och Malmqvist, s.209.
　　＊＊このことはくじ引きは用いられないことを意味する。Hellners och Malmqvist, s.209.

少数意見（avvikande mening）＊

　　＊この留保権（reservationsrätt）—少数意見表示の権利—は伝統的に合議的意思決定における重要な補完物とされてきた。Hellners och Malmqvist, s.215. この留保権は世界的にユニークなスウェーデン行政（法）の特色であり，公務員の個人責任ならびに国会オンブズマンおよび法務監察長官による行政監察の実効性を確保する基礎の一つを形成しているといえよう。なお，スウェーデンでは第一審を含む全ての裁判所において少数意見の表示が認められていることについては拙訳『スウェーデン訴訟手続法』6章2条2項および＊（33頁）を参照。

第19条　決定が複数の者により共同でなされる時は，判断に関与する者は少数意見を記録させることによってこれに対する留保を行うことができる。これをしない者は決定を支持したものとみられなければならない。
　調査報告者（föredraganden）および判断に関与することなく終局的取扱いに同席したその他の職員は，その少数意見を記録させる権利を有する。＊
　少数意見は決定が書面により送付されるか，またはその他の仕方で通知される前に申し出なければならない。決定が通知されないときは，申出は遅くとも記録の整備またはこれに類する仕方で決定が最終的な形態を得る時までにしなければならない。

　　＊この規定はわが国などでは理解しがたいと思われる向きもあるかも知れないが，

理由書によれば，調査における精密さおよび周到な配慮をもたらし，他面当事者に対して価値ある情報を与えるなど多くの長所を有する。また，国家行政においてこの留保権は独任制の行政機関の決定（ラーグネマルムはこれを「官僚的決定形態」という）の調査報告者等にも認められている（この場合は「反対意見」と訳するほうがより適切かも知れない）。Hellners och Malmqvist, s.214-215，ラーグネマルム 89 頁，8 uppl., s.101-102.

決定の理由づけ

第20条 公的機関が案件について判断する決定は，案件が私人に対する職権行使に係るときは，その結果を決定した理由を包含しなければならない。ただし以下各号の場合には理由の全部または一部を省略することができる——
 1. 決定が当事者に不利益でないとき，*またはその他なんらかの事由により理由を付することが明らかに不必要であるとき，
 2. 案件が職務への任命，任意的な教育のための採用，最終的成績評価，研究補助金の配分またはこれと同視されるものであるとき，
 3. 王国の安全，私人の人的もしくは経済的事情またはこれと同視される事情の保護にかんがみ必要であるとき，
 4. 案件が理由を作成する時間的余裕がないほど急を要するものであるとき，または
 5. 案件が統治組織法第8章に係る規定（föreskrifter）の発布に関し，かつ上訴後の上級審における審査の問題ではないとき。

理由が省略されたときは，公的機関は当事者である者の申立てに基づき，可能であれば彼にその理由を事後に告げるべきである。

> *不利益かどうかは個別事案の諸事情にかんがみ判断される。多くの案件は公的機関の側の介入によって生ずるが（例えばある措置をとるよう命令する），この場合の決定は通常当事者に不利益なものとみられる。Hellners och Malmqvist, s.234.

決定の通知

第21条　申請人，上訴人またはその他の当事者は，案件が私人に対する職権行使に係るときは，公的機関が案件を判断する決定の内容を通知されなければならない。ただし，それが明らかに不必要であるときは当事者に通知することを要しない。*

　決定が当事者に不利益でありかつ上訴ができるときは，彼は上訴の仕方について教示されなければならない。彼はまた，第19条に係るまたは特別の規定により記録されている少数意見について通知されなければならない。

　公的機関は通知が口頭，通常の郵便，送達またはその他の仕方のいずれで行われるべきかについて定める。ただし当事者が求めるときは，通知は常に書面で行わなければならない。

　本条は，決定に対して上訴ができるその他の者が，それ〔の内容〕を知ることを求めるときにも適用される。

　　*通知を要しないという判断については極めて抑制的であるべきである。その例として当事者が供与した情報による住民登録に関する決定が挙げられている。Hellners och Malmqvist, s.246.

上訴

第22条　決定が関わる者はそれが彼に不利益であり，かつ決定が上訴できるものであるときは，決定に対し上訴することができる。

第22条 a　決定は一般行政裁判所のもとに上訴がなされる。ただしこれは，雇用案件における決定*および第20条第1項第5号に係る案件における決定には妥当しない。**

　第1項の支持をもって行われた上訴については，行政高等裁判所への上訴の際は審査許可が要求される。（法律2006：306）

＊雇用案件の概念には配置転換や解雇は含まれない。2006年の法改正前の法文は「行政案件における決定」となっており，明確性を欠いていた。英訳は decisions on matters of administration のままである。Hellners och Malmqvist, s.305, 400.
＊＊国家行政におけるこのような案件に対する上訴は，直近上級の機関そして最終的には政府に対してなされる。とくに異なる明文の定めがない限りこれが部分的には不文の法規である。Hellners och Malmqvist, s.304-305.

決定に対する上訴の仕方

第23条 決定に対する上訴は書面でなされる。上訴人は書面においてどの決定に対して上訴がなされるか，および彼が求める決定における変更＊を示さなければならない。

　書面は決定を発した公的機関に提出される。書面は上訴人が決定を受領した日から3週間内にその機関に到達しなければならない。ただし，上訴人が公共を代表する当事者であり，かつ決定が行政地方裁判所または行政高等裁判所に上訴されるときは，上訴は決定が発せられた日から3週間内に到達しなければならない。

　統治組織法第8章に述べる規定に係るような決定でかつ送達されないものの上訴の期間は，決定が告示＊＊された日から算定する。決定が一度よりも多い機会に告示されているときは，最後の決定の告示をした日から算定する。（法律 1998：386）

＊申請の棄却を認容に，または禁止決定の取消しになど。もっとも理由書によれば，この変更申立ては「書面の合理的かつ善意な解釈」によって明らかになれば足りる。また理由書は，事後の取扱中における修正も妨げないとする。Hellners och Malmqvist, s.310.
＊＊法令（規則等）集における公表などの措置。Hellners och Malmqvist, s.319.

第24条 上訴された決定を発した公的機関は，上訴の書面が適法な期間内に到達しているか否かについて審査する。書面が遅れて到達した場合，第2項または第3項から異なる結果が生じないときは，公的機関はそれを却下しなけれ

ばならない。

　遅延が，公的機関が上訴人に上訴の仕方について誤った教示を与えたことに起因するときは，書面を却下してはならない。

　書面が上訴期間内に上訴を審査すべき公的機関に到達しているときも却下してはならない。このような場合においてはこの機関は書面を決定を発した機関に回付し，かつ同時に書面が上級審に到達した日に関する情報を与えなければならない。

第25条　書面が第24条により却下されないときは，決定を発した公的機関は上訴を審査すべき公的機関に，この書面およびその他の案件に関する書類を送付しなければならない。*

> *その際に決定機関は職権で自己の意見を付することができる。上級審からこれを求められたときはもちろんそうすべきである。このような場合には上級審は案件について判断する前に，原則として上訴人にこれに対する反論の機会を与えなければならない（17条参照）。Hellners och Malmqvist, s.330.

書損および同様のものの更正

第26条　公的機関またはその他の者による書損，計算違いまたは同様の不注意の結果として決定が明らかな過誤を包含するときは，決定を発した公的機関は決定を更正することができる。案件が私人に対する職権行使に係るものであり，かつ当事者に意見を述べる機会を与えることが不必要でないときは，公的機関は更正を行う前に当事者にその機会を与えなければならない。（法律1990：456）

決定の再審査

第27条　公的機関は，第一審として発した決定が新たな事情またはその他の理由に基づき明らかに不当であると認める場合，迅速および簡易かついずれの

私人の当事者にも不利益を及ぼさずに＊行うことができるときは，決定を変更しなければならない。この義務は，上訴人が決定は当分の間効力を有しない旨の決定（執行停止）を求めない限り，決定が上訴されたときにも妥当する。

　この義務は，公的機関が案件に関する書類を上級審に送付したとき，またはその他の場合でも公的機関が決定を変更することに反する特段の事由が存するときは妥当しない。

　　＊複数の当事者がいる場合は明らかに誤った決定であっても，変更がある当事者にとってその法的地位の悪化をもたらすであろうときには決定を変更する義務が存しない。Hellners och Malmqvist, s.344.

第28条　公的機関の決定に対する上訴は，公的機関が自ら決定を上訴人が求めるとおりに変更したときは消滅する。この場合には第24条および第25条は適用されない。

　公的機関が決定を上訴人が求めるところとは異なる仕方で変更する場合，第24条による却下が行われるべきでないときは，上訴は新たな決定を包含するものとみられなければならない。

執行停止

第29条　上訴を審査すべき公的機関は，上訴された決定は当分の間効力を有しない旨定めることができる。

却下決定に対する上訴

第30条　上訴の書面が到達の遅延を理由に却下されたときは，却下決定に対しては本案（huvudsaken）に関する決定と同様の手続＊で上訴することができる。却下決定が上訴後に上級審によって審査されたときは，この問題に関する上級審の決定に対しては上訴することができない。＊＊（法律1986：1196）

*「同様の手続」とは審級秩序のみならず，上訴の期間および仕方も同一であること。Hellners och Malmqvist, s.370.
**決定機関とその上訴審との二審制であることを意味する。Hellners och Malmqvist, s.370.

本法の適用における若干の制限

第31条　第13条ないし第30条の規定は，地方自治体法（1991：900）第10章*により上訴することができる地方自治体および県参事会における公的機関のもとでの案件については適用されない。これらの規定は〔地域システム等の〕活性化達成のための財政的調整に関する法律（2003：1210）第4条に係る調整連合団体（samordningsförbund）のもとでの案件についても適用されない。**（法律2005：330）

*同章は「合法性審査」という表題を有し，全16条から成る。
**調整連合団体は効率的な人的資源利用を達成するために社会保険金庫，県労働執行委員会（職業紹介機関），県参事会および地方自治体によって構成される。同団体の理事会は国家または地方自治体の公的機関ではないが，その決定に対しては地方自治体法10章の準用により上訴がなされる（同法28条）。Hellners och Malmqvist, s.371.

第32条　第8条ないし第30条の規定は，執行官局の執行活動には適用されず，また警察機関，検察機関，国税庁，税関庁および沿岸警備庁の犯罪抑止活動についても適用されない。*（法律2006：703）

*執行官局の執行活動については強制執行法が適用される。警察その他の上記機関に関する例外は本来の犯罪抑止活動のみに関する。Hellners och Malmqvist, s.375-376.

第33条　保健および医療に係る第一審の案件においては，公的機関の決定が第31条に述べるところとは異なる仕方で上訴できるときにのみ，第14条ないし第30条が適用される。*

＊この分野においては案件の取扱いとその他の行政活動すなわち医療自体などとの間に明確な境界線をひくことが困難だからである。例えば，精神医学的強制保護および感染症保護〔対策〕に関する立法には異なる上訴に関する規定がある（精神医学的強制保護に関する法律（1991：1128）32条以下，感染症保護法（2004：168）8章など）。Hellners och Malmqvist, s.378-379.

1. この法律は1987年1月1日から施行する。
2. 本法によって行政〔手続〕法（1971：290）は廃止される。
3. 施行前に発せられた決定に対する上訴および再審査については，第23条ないし第25条，第27条，第28条および第30条の代わりに旧規定が適用される。
4. 法律または政府が定めた命令において，この法律の規定により代替されている規定が指示されているときは，その代わりに新規定が適用される。

公的補佐人に関する法律（1996：1620）*

*本稿は『ジュリスコンサルタス』14号（2004，関東学院大学法学研究所）所収の拙訳に，その後の法改正などにかんがみ多少の修正を行ったものである。なお，本法を補足するものとして公的補佐人に関する政令（1997：405）がある。

第1条* この法律は，法律における特別の定めにより事件または案件において公的補佐人が任命されるべき時に適用される。

　この法律における規定は他に特別の定めがないときに適用される。

*公的補佐人は本人の経済的関係に関わりなく任命され，かつ本人は補佐に関する費用の支払を要しない。公的補佐人が任命される事件，案件は3つに大別される。
（1）外国人法による却下，国外追放（退去命令）の案件，（2）行政的自由剥奪の案件（精神的疾病または〔薬物等の〕濫用等に起因する強制保護），（3）その他の案件である。最後のグループには私人の完全性または人的自由が関わる多様な案件を含む。例えば，訪問禁止法（1988：688）7条aによる訪問禁止が共通の住居に関するときである。裁判所が拘束またはその他これに相当する強制措置を公的補佐人の必要性の有無について考慮することなく決定した場合は，この決定は通常取り消され，事件は原審に差し戻される（判例）。行政先例は，英国への送還の案件でも政治的迫害の危険を伴う国への再送還のおそれがある場合は補佐人の必要性が存するとした。また，口頭弁論が行われるときは補佐人が任命されるべきだとするのが国会オンブズマンの意見である。Renfors och Sverne, s.215, 217-218, 222. なお，補佐人と代理人との異同については拙訳『スウェーデン訴訟手続法』の12章22条の*（67頁）を参照。

第2条 この法律による決定は，第6条に係る場合のほかは事件または案件を取り扱う裁判所または公的機関によってなされる。

第3条 公的補佐人は申請によりまたはそうでなくともそのための理由が存する時に任命される。

　申請はそのために補佐人が任命されるべき者または事件もしくは案件におい

て手続を追行しうるその他の者からすることができる。申請は事件または案件を取り扱う公的機関に提出されなければならない。

　自ら公的補佐人を任命することができない公的機関は，申請を自己の意見*を添えて権限を有する公的機関に移送しなければならない。

　　*意見には事実問題の性質および補佐人の必要性に関する判断を包含すべきである。Renfors och Sverne, s.227.

第4条　公的補佐人が任命されるときは，国は補佐人のための費用および本人の権利を擁護するために合理的に必要とされる調査の費用（調査が訴訟または案件を取り扱う裁判所または公的機関を通じて行うことができないとき）を支払う。*

　第1項に述べる調査に協働した者は，政府が定めるところにより公費から補償を受ける権利を有する。

　　*原文には（　）はないが，理解の便宜のため訳者において付した。調査を行うか否かは補佐人が決定する（6条）。調査は全ての調査すなわち口頭および書面ならびに訴訟上および訴訟外のそれを含む。第一次的には小規模な調査（医師の診断書など）が想定されているが，例外的により大規模なものでありうる。また，法律扶助法17条のような費用の制限はない。Renfors och Sverne, s.228-229.

第5条　法律扶助補佐人の任命および交替ならびに法律扶助補佐人への補償に関する法律扶助法（1996：1619）第26条ないし第29条の規定は，公的補佐人に適用されなければならない。

第6条　公的補佐人は第4条第1項に係るような調査が行われるべきか否かについて決定する。

第7条　この法律による裁判所または公的機関の決定は，補佐人が任命された事件または案件における判決または決定に対する上訴に適用されるのと同一の手続で上訴される。*

公的補佐人への補償について上訴された問題に関する高等裁判所または行政高等裁判所の決定に対しては上訴することができない。ただし高等裁判所または行政高等裁判所は，訴訟手続法第54章第10条第1項第1号ないしは（respektive）行政訴訟法（1971：291）第36条第1項第1号により審査許可が与えられるべき特段の理由が存するときは，決定に対する上訴を認めることができる。

　第4条による調査に関する補佐人の決定に対しては上訴することができない。

> ＊この原則に対する例外は外国人案件に関する若干の決定で，内閣官房（Regeringskansliet）の決定は移民裁判所に上訴される（外国人法（2005：716）14章8条等）。Renfors och Sverne, s.234. 移民裁判所は政府が定める行政地方裁判所である（移民上級裁判所はストックホルム行政高等裁判所）。両者の構成，手続等も含めて同法16章に規定されている。移民上級裁判所は判断が重大な原則的意義を有すると認められる事件またはその一部の問題については7人の法律専門家の構成員で裁判するとされていることがとくに注目を惹く（同章3条）。この国が移民・出入国問題の法的審査を最大限に重視していることの表現といえよう。

第8条　この法律による決定に対しては私人の当事者および法務監察長官から上訴することができる。上訴の期間が当事者が決定を受領した日から算定されるときは，それにもかかわらず法務監察長官は決定の日から2月よりも後には決定に対し上訴することができない。法務監察長官は私人の当事者の利益のためにも決定に対し上訴することができる。（法律2005：76）

第9条　補償に関する決定に対し上訴した公的補佐人は，上訴審においてそのための特段の理由が存するときにのみ自己の請求を支持する新たな事実を援用することができる。（法律2005：76）

租税等に関する案件および訴訟における費用の補償に関する法律（1989：479）*, **

＊「補償法」と略していう。Renfors och Sverne, s.200.
＊＊2009年版の後の改正法律として 2009：803，2009：1290 等がある。

序説的規定

第1条　この法律は，裁判所および他の公的機関のもとでの租税，関税および手数料ならびに不動産への課税に関する案件または訴訟事件〔以下，後者を「事件」という〕における納税義務者の費用のための公費による補償について適用される。本法は租税，関税および手数料の支払確保に関する法律（1978：880）による事件，ならびに租税支払法（1997：483）第12章第6条または第6条aによる事件にも適用される。ただし，租税問題における暫定的決定の事前開示＊に関する法律（1998：189）による事前開示に関する案件においては，国税庁のもとに公共代理人（det allmänna ombudet）＊＊が事前開示を求めた場合にのみ適用される。

　この法律において手数料とは租税，関税および手数料の支払確保に関する法律に包含されるような手数料をいう。納税義務者とはその租税，関税および手数料の支払義務が審査の対象であった者，ならびに不動産の所有者または不動産課税法（1979：1152）第1章第5条により所有者とみられるべき者をいう。（法律 2003：746）

　　＊暫定的決定の事前開示（förhandsbesked）については『スウェーデン法律用語辞典』の förhandsbesked の項を参照。
　　＊＊国税庁に存在する，国税庁の決定に対して一般行政裁判所に上訴する権限等を有する政府任命の代理人（国税庁のもとの公共代理人に関する法律（2003：643））。事前開示を求めることや，納税義務者の利益のために上訴することができる（上記事前開示に関する法律 6, 22 条，課税法（1990；324）6章9条a）。2条2項も参照。

公共代理人は他の行政分野にも存在し，先例の確立，統一的な法適用の実現の要請などに応えるために設けられた当該行政機関から独立した存在である。私人の利益，不利益にかかわらず上訴ができる。
（『スウェーデン法律用語辞典』の allmänt ombud の項の説明は簡単なので，やや詳しい説明を加えておく。）

第2条　補償の問題に関する公共の事件は，費用が属する案件または事件において公共の事件を追行するのと同一の公的機関または公共代理人によって追行される。

公共の事件を追行する者は，納税義務者の利益のためにも事件を追行することができる。

補償等の要件

第3条　案件または事件において代理人もしくは補佐人のための，〔または〕調査もしくはその他彼の権利を擁護するために合理的に必要とされる費用が生じた納税義務者は，申出により以下の費用の償還が認められる権利を有する*，**──

1. 案件または事件において納税義務者が彼の申立ての全部または一部について認容されるとき，
2. 案件または事件が法適用のために重要な問題に関するとき，*** または
3. 補償のための顕著な（synnerlig）理由が存するとき。****（法律 1994：470）

　*費用の額の判断にあたっては法律扶助の料金表にあまり厳格に拘束されるべきでないというのが理由書の見解であり，18時間の労働の補償として4万500クローナ（1時間2250クローナ）を認めた判例がある。また，訴訟物の多寡は問題とされない。生命保険に関する僅か75クローナの事件において，問題が広汎な被保険者層にとって重要であるゆえに実に80万クローナ強の補償を認めた判例もある。Renfors och Sverne, s.207-208.
　**所定の費用が生じたことの証明責任は補償を求める者の側にある（判例）。Renfors och Sverne, s.208.

＊＊＊先例問題だけでなく，裁判所によって審査されたが諸般の事情により最高審まで達しなかったいわゆる試験訴訟にも関する。Renfors och Sverne, s.205.
＊＊＊＊顕著な理由は，1，2号に該当しない事案において，公的機関の対応の仕方によって手続が不必要に膨大または複雑化した場合などに認められる。Renfors och Sverne, s.205-206.

第4条 補償は以下各号の費用については認められない――
1. 租税，関税または手数料に関する公的機関の決定の指標となる〔自己〕申告またはその他の情報を供与する義務＊に関する費用，
2. 一つには納税義務者が申告または彼が供与する義務の供与をし，もう一つには申告および情報のコントロールをすることができるために，合理的な範囲において計算，メモまたはその他の仕方で必要とされる基礎が存するよう配慮する義務に関する費用，
3. 納税義務者自身の労働，時間の空費またはその他納税義務者自身が案件または事件に起因して行ったことに関する費用。（法律 1994：470）

＊自己申告およびコントロール情報に関する法律（2001：1227）参照。

第5条 補償が定められる時，納税義務者が同一の費用のために他の法令によりまたは契約により補償を得ているかまたは得るであろうことが考えられうる額は減縮されなければならない。＊

納税義務者が案件または事件におけるその申立ての一部についてのみ認容されたときは，その余の申立てが軽微な意義を有しない限り補償を調整することができる。＊＊

調整はまた，納税義務者が怠慢（försumlig）であったかまたは案件もしくは事件が必要以上に膨大になることを惹起したときも行うことができる。（法律 1994：470）

＊法律扶助法や権利保護保険による補償が想定されている。このような場合，権利

保護保険における自己危険分，法律扶助手数料その他これらの補償を超過する費用については本法による補償が与えられる。事後に補償が得られないことが判明したときは，上訴または再審をすることができる。Renfors och Sverne, s.209-210.
**法適用のために重要な問題に関する先例事件の場合には通例この調整を行うべきでないとされる。Renfors och Sverne, s.210.

第6条　補償は補償決定が公共に対して確定力を取得する前には支払ってはならない。*

　補償の債権は補償が支払われる前には譲渡することができない。** ただしこのことは，このような債権が差し押さえられることを妨げない。

*支払は国税庁が行う。Renfors och Sverne, s.211.
**したがって支払は，補償権利者（またはその代理人）以外の者に対して免責的効力を有しない。Renfors och Sverne, s.211.

手続

第7条　費用の補償に関する申出は，費用が発生した公的機関または裁判所のもとになされなければならない。申出は公的機関または裁判所が案件または事件について判断する前に提出されなければならない（skall ha kommit in）。（法律 1994：470）

第8条　削除（法律 1994：470）*

* Renfors och Sverne, s.212 では（1989：479）と誤記されている。

第9条　納税者が補償に関する申出を適時に提出しなかったとき，事後に提出される申出はその遅延が弁明しうる錯誤（ursäktligt misstag）に基づくという要件の下でのみ審査されうる。（法律 1994：470）

第10条　税法委員会*の決定は行政最高裁判所のもとに上訴される。国税庁

の決定は租税支払法（1997：483）第22章第1条aないし第1条dにより上訴を審査する権限を有する行政地方裁判所のもとに上訴される。その他の公的機関の決定は，裁判管轄区内に決定を発した公的機関が所在する行政地方裁判所のもとに上訴される。（法律2003：746）

　　＊税法委員会については『スウェーデン法律用語辞典』のSkatterättsnämndの項を参照。

第11条　費用が帰属する案件または事件における判断に関連して発せられる補償決定に対しては，案件または事件における判断に対する上訴に妥当する期間内に上訴することができる。

　公的機関によって発せられた補償決定に対しては，費用が帰属する案件について上訴できる公的機関または公共代理人から上訴することができる。このような場合において補償決定は第1項による期間内に上訴されなければならない，ただし決定が発せられた日から遅くとも2月内でなければならない。（法律1994：470）

　この法律は1989年7月1日から施行し，施行後にとられる措置のための費用について適用される。

後記

　本訳稿の素案はピースボート世界一周の船旅（第66回クルーズ・2009年4月23日―8月12日）の船上で書かれた。これが3回目の乗船である。過去2回の場合には船上での仕事を基礎にした本を出すことができた。『スウェーデン法律用語辞典』（2007，中央大学出版部）と『［翻訳］スウェーデン訴訟手続法―民事訴訟法・刑事訴訟法―』（2009，同）がそれである。

　今回の船旅では突如1週間ほとんど聴力を失ってしまい，寄港地スペイン・マラガの病院で手当を受けて快復したものの，さらに，船の修理で米国ニュー

ジャージー州アトランティックシティのホテル滞在中に転倒して右手首を骨折し，帰国まで1月半もギプスをはめる羽目に陥り，ポンコツの身には全く予期せぬ出来事が次々と起こりうることを実感させられた。(老船も同じで，故障が続出して帰国は1週間遅れた。) そんな老いの体験を経ながら，なんとかここまで本訳稿をまとめえたことに一入の感慨を覚える。

2009年11月

第6　法律扶助関係諸法

はじめに

　本稿はスウェーデンの法律扶助法およびその他の法律扶助に関係する法律を訳出し，訳文の理解上役立つと思われる若干の注記を付したものである。ただし公法の分野における法律扶助関係法規については，別稿「[翻訳] スウェーデンの行政訴訟・行政手続関係諸法」（神奈川法学 42 巻 2 号）に発表する予定なのでここには含まれていない。また，刑事手続における公共弁護人に関する法律扶助は訴訟手続法に規定されているゆえ，拙訳『[翻訳] スウェーデン訴訟手続法―民事訴訟法・刑事訴訟法―』（2009，中央大学出版部）第 21 章および第 31 章ならびにその注記を参照されたい。

　法律扶助法については，『ジュリスコンサルタス』14 号（2004，関東学院大学法学研究所）所収の拙稿「スウェーデンの法律扶助―法制度の現状と評価を中心として―」中の拙訳（これは神奈川法学 36 巻 3 号（2004）所収の拙稿「翻訳　スウェーデンの法律扶助関係法」の訳文とほとんど同一である）を基礎とし，これにその後の法改正などに基づく修正を行った。以下では，上記ジュリスコンサルタスでの拙訳を「旧訳」ということにする。

　法文のテキストは原則として *Sveriges Rikes Lag 2010* に拠った。訳出の基本的方針については前掲訳書と同一である。一口でいうとなるべく原文に忠実な訳を心掛けた。詳しくは同書の凡例（本書 v – vii 頁に再掲）の参照を望みたい。法律扶助法については同書に合わせて訳文の統一を図ることは法文の改正ではないかとの誤解を招くおそれがあるためなるべく避けたいのだが，他方，旧訳のままでは同一の用語・表現について訴訟手続法などの法文との異同に疑義が生じうることも考えられ，結局やや中途半端な修正になってしまった。旧訳のほうが日本語としては多少こなれた文章といえるかも知れない。

　紙幅の関係上，文献の引用は原則として Cecilia Renfors och Ebba Sverne Arvill under medverkan av Erica Sverne（avseende ersättningslagen）, *Rättshjälpslagen och annan lagstiftning om rättsligt bistånd—En kommentar,* 2 uppl. Stockholm：Norstedts Juridik, 2006 のみに限った。Renfors och Sverne として引用する。ただし，説明を補充するために拙編著『スウェーデン法律用語辞典』（2007，中央大学出版部）および前掲訳書を，それぞれ『スウェーデン法律用語辞典』，拙訳『スウェーデン訴訟手続法』として引用する。

法律扶助法（1996：1619）*

 *本法を補足するものとして法律扶助令（1997：404）がある（以下「令」という）。なお，いささか奇妙にも思われるが，本法の本文自体の英訳は管見の限りまだ存在しない。

序説的規定

第1条　この法律は，法律扶助および法律相談について定める。

第2条　法律扶助は，第6条ないし第8条における要件を具備するとき，法的事項（en rättslig angelägenhet）*について与えられうる（får beviljas）。**

　法律扶助が与えられるためには，その事項について後記の法律相談が明らかに不要であるか，またはその他特段の理由が存しないとき，***第4条により少なくとも1時間の法律相談が提供されていたことが要求される。

　第9条に法律扶助と権利保護保険との関係に関する規定が存する。第10条ないし第13条に法律扶助が与えられない時および法律扶助のために特段の理由が要求される時に関する規定が存する。第21条および第22条に外国においてその事項が取り扱われるべき時の性犯罪被害者に対する法律扶助に関する特則が存する。第22条ないし第22条dに若干の越境事項における法律扶助に関する特則が存する。（法律 2004：738）

*「法的事項」の範囲は広範で，原則として契約（書）の締結および作成や債権者との交渉も含まれる。もっとも，法律扶助の認可は別論で，多くの場合このような問題についてはその扶助の必要性が否定される。先例において法的事項に属しないとされたものとして，特許の申請，地方自治体との学校教育を受けることに関する争いなどがある。Renfors och Sverne, s.26-27.（「先例」とは法律扶助委員会（48,49条参照）およびその前身の判断をさす。）
** beviljas（不定形beviljaの受動形）は，訴訟手続法などの訳文では「認められる」としているが（例えば，拙訳『スウェーデン訴訟手続法』287頁），本法の旧訳では「与えられる」としており，日本語としてはこのほうが良いかとも考え，旧訳のままにした。（ただし注記では，「認められる」や認可（beviljande—名詞）も用いている。）
*** 法律相談が明らかに不必要なケースとしては父性確定に関する案件（先例），特段の理由が存するケースとしては法律相談を得る時間的余裕がないほど弁論の開始が切迫している場合（理由書），などが挙げられている。Renfors och Sverne, s.35-36.

第3条 法律扶助は扶助申請人（rättssökande）の申請に基づき与えられる。* 申請は書面でし，かつ政府または政府が定める公的機関によって規定された情報を包含しなければならない。

* 父性確定の事件においては，社会福祉（執行）委員会も子どものために法律扶助を申請する権限を有する（判例）。Renfors och Sverne, s.38.（「判例」とはとくに断らない限り，最高裁の判断をさす。）

法律相談（Rådgivning）

第4条 この法律による法律相談は，法的事項について弁護士または弁護士事務所の弁護士補によって合計最長2時間供与される。* 法律相談はまた第26条により法律扶助補佐人として任命されうるその他の者によっても供与されうる。

　法律相談は，法律相談を行う者に対し手数料を支払うことで供与される。法律相談を供与する者は，扶助申請人の経済的関係がその理由を与えるときは手

数料を半分にまで減額することができる。

　扶助申請人が未成年者である場合，申請人の経済的関係がその理由を与えるときは手数料は零にまで減額することができる。

　政府または政府が定める公的機関は，法律相談手数料および法律相談手数料の減額に関する細則を制定する。**（法律 1999：63）

> *召喚状申請書（訴状）の作成は法律相談に含まれる（判例）。なお，現在では多くの場所に当番弁護士（advokatjour）が存在し，無料で短時間の法律相談（konsultation）を行うが（通例 15 分以内），これは法律扶助法の意味における法律相談にあたらない。Renfors och Sverne, s.42.
> **政府が定める時間費用基準を基礎にして，司法行政庁が法律相談手数料およびその減額に関する細則を制定している（令 4 条参照）。Renfors och Sverne, s.43-44.

第 5 条　法律相談を供与した者は，法律相談が必要とした通訳および翻訳の費用について公費から合理的な補償を受ける権利を有する。法律相談が第 4 条第 2 項および第 3 項により減額された手数料で行われたときは，法律相談を供与した者は，公費から〔差額の〕補償を受けることができる。*

　第 1 項による補償に関する細則は，政府または政府が定める公的機関が制定する。**（法律 2000：273）

> *正規の法律相談手数料と減額分（零の場合を含む）との差額の補償。Renfors och Sverne, s.45.
> **司法行政庁が細則を定めている（令 5 条参照）。Renfors och Sverne, s.45.

法律扶助の一般的要件

第 6 条　法律扶助は，自然人でその経済的基礎が第 38 条により 26 万クローナを超えない者に対して与えられうる。

　法律扶助は，顕著な理由が存するときは，遺産財団に対しても与えられうる。*
第 14 条に法律扶助の遺産財団への移転に関する規定が存する。（法律 1999：63）

＊顕著な理由として例えば，遺産財団が刑事事件との関連なしに葬祭費用を得るために訴えを行うことの必要が挙げられている。Renfors och Sverne, s.47.

第7条 法律扶助は，扶助申請人が法律相談以外に法的な補佐を必要とし，かつこの必要が他の仕方で充足できない場合に与えられうる。＊, ＊＊

法律扶助は，公共弁護人または公的補佐人による助力が問題になりうる事項については与えられない。＊＊＊

＊執行事件や簡易訴訟・支払命令案件については，それが（通常）訴訟にまで発展した場合は別として原則的に扶助の必要が否定される。Renfors och Sverne, s.57.
＊＊課税事件における法律扶助認可の事例として，72歳の女性の扶助申請人が，外国（ノルウェー）の保険会社から得た保険金が非課税であるべき旨を主張した事案において行政最高裁は扶助を認めた。この事案では二重課税条約の適用の可否も問題とされていた。この判例は保険金の税法上の性質について十分な解明をするため調査が必要であり，事案は彼女が訴えを追行するには法的補佐の必要があるほど複雑なものだという。Renfors och Sverne, s.54.
＊＊＊「公共」，「公的」とも原語は offentlig であるが，従前からの拙訳の用語を踏襲した。『スウェーデン法律用語辞典』の offentlig försvarare および offentligt biträde の項を参照。

第8条 法律扶助は，その事項の種類・性質 (angelägenhetens art)＊ および重要性，係争物の価額ならびにその他の事情＊＊ にかんがみ，国がその費用に寄与するのが相当である場合にのみ与えられうる。

＊事項の種類・性質は，①成功の見込み，②請求（権）実現の可能性，③争いが関わるものに分けられる。

①は申請人の請求に十分理由があり，勝訴が期待できることを意味しない。一見して見込みがないことが明白な事項をいう。イランにいる申請人が子の監護を求める事件を追行しようとする場合の法律扶助は本条により拒否された（先例）。

②については実際にこの理由で申請が排斥されることは稀であるが，例えば相手方当事者がスウェーデンに住・居所などを有せず，国内またはスウェーデンの判決が執行しうる国に財産も有しないという状況が考えられる。

③は主に争いが巨額でかつこれについて法律扶助が費用を支弁するのが不適切な

状況である。理由書は競走馬や高級な写真機器に関する争いを挙げている。高価な自動車，ボート，装身具類のような贅沢品に関する争いも同様である。しかし全ての事情の総体的判断が必要であって，ふつうの生活の中で長期間の貯蓄によりこのような物件を取得した者などは扶助の利益を奪われるべきでなく，他方恵まれた経済的状況の中で暮らしながら扶助の申請時に低い年収を得ている者に対しては反対の結論が妥当だというのが注釈書の見解である。さらに株式相場や節税対策に関する争いもこの範疇に属しうるもので慎重な審査が要求される。Renfors och Sverne, s.60-63.

**申請人自身の行動が法律扶助にネガティブな方向に影響しうる。例えば，彼(女)が事実関係について討議するのを拒否したり，なんらかの仕方で調査を妨害したりする場合である。もっとも，例えば子の監護に関する紛争において申請人が他方による子の略取などを恐れて非協力的であることがやむをえない事例もあるので慎重な判断が必要だと注釈書はいう。Renfors och Sverne, s.65-66.

法律扶助の権利保護保険に対する関係*

*リンドブロームによれば，驚くべきことに公的法律扶助から私的権利保護への実質的移行はそれが実施された当時にはほとんど論議をよばなかった。この移行すなわち法律扶助の大幅な民営化による様々な好ましい効果が期待されたのである。しかし，その後の保険業界の方針はかなり保険契約者の側に不利なもので，集団訴訟手続法の制定についても強く反対し，同法施行後も集団訴訟における潜在的原告＝集団構成員の権利保護保険の使用を認めない（1社は原告＝集団代表者自身の保険利用すら保険約款で排除）。リンドブロームはこのような保険業界の在りようを厳しく批判する。Per Henrik Lindblom, *Grupptalan i Sverige*, Stockholm：Norstedts Juridik, 2008, s.152ff. なお，拙稿・前掲「スウェーデンの法律扶助」ジュリスコンサルタス 14 号 161 頁注（1）参照。

第9条*, ** 法律扶助は扶助申請人が権利保護保険に加入しているか，またはその事項を包含する他の類似の権利保護***を有するときは与えられない。

扶助申請人が第1項による権利保護を欠くけれども，その余の保険による保護または人的および経済的関係にかんがみ，このような〔権利〕保護を有しているべきであったときは，法律扶助はその事項の種類・性質および扶助申請人にとっての重要性にかんがみ特段の理由が存するときにのみ与えられうる。

＊権利保護保険と法律扶助との大きな差異の一つは，保険は労働紛争を包含していないことであるが，このような場合には通例本条の妨げなしに法律扶助が認められる。Renfors och Sverne, s.69.
＊＊権利保護保険と法律扶助との異同に関連する問題の若干について言及しておく。第1は上限で，保険では通常7万5000または10万クローナである。これに対して，扶助では補佐人の費用補償は原則100労働時間に制限されているので，両者の差異は限定的だといわれる。第2に保険では相手方当事者の訴訟費用まで支払う。扶助ではそうでないのでこの差異は大きい。第3に保険では通例費用の20％までは自己危険に属し，法律扶助と異なり被保険者の経済的関係を斟酌しない。Renfors och Sverne, s.69.
＊＊＊「類似の権利保護」とは労働組合その他の利益保護団体による法的援助でありうる。Renfors och Sverne, s.68.

法律扶助に対する権利の制限

第10条 法律扶助は，以下各号の場合には与えられない——

1. 納税自己申告書，夫婦財産契約，遺言または贈与書面の作成，＊
2. 相続法第20章による財産目録の作成，
3. 債務整理に関する事項，
4. 土地法による登記案件，
5. 不動産課税自己申告に関する案件，
6. 不動産課税に関する訴訟または案件，
7. 海法（1994：1009）または営業目的で航行する船舶の登録等に関する法律（1979：377）による登記案件，
8. 財産分割の取消しの訴え以外の財産分割に関する事項，＊＊
9. 法律扶助に関する問題が，基本的に同種の原因に基づく請求である他の法的事項が判断されるまで待つことができるものであるとき，＊＊＊
10. 交通事故損害法（1975：1410）による交通事故損害賠償または責任保険から支払われるべき損害賠償に関する事項。＊＊＊＊ ただし，裁判所に係属する訴訟もしくは案件または人的損害以外の損害のみに関する事項については

法律扶助が与えられうる。

　扶助申請人に譲渡された請求については，その譲渡が法律扶助の申請の際の審査を有利にするために行われたものとみられうるときは，法律扶助は与えられない。（法律 2006：553）

　　＊1号から7号までは法律扶助を与えることを要すべきでない簡易な案件などに関する。もっとも上記各号は，申請人の権利を擁護するために各号の措置が必然的なものとして包含される事項について法律扶助を与えることを妨げるわけではない。Renfors och Sverne, s.76.
　　＊＊ただし婚姻法17章7条aに，若干の場合に財産分割執行者の費用を公費から支払うことに関する規定がある。Renfors och Sverne, s.77, 335 f.
　　＊＊＊いわゆる見本訴訟，試験訴訟の場合にはその余の事件について原則として法律扶助が認められない。先例によれば，申請人全員（31戸のテラスハウスの購入者）に1972年の旧法律扶助法のもとで法律扶助が認められている（本号に相当するのは旧法8条1項8号）。事案は，テラスハウスの建設業者と購入者らとの間に和解の試みがなされたが不成立に終わり，購入者らは訴えを提起・追行するため同一の代理人を依頼した，というものであった。この背景にかんがみ扶助を認めることへの障害は存しないと判断された。Renfors och Sverne, s.77.
　　＊＊＊＊実務上は，損害が保険に包含されるか否かについて保険会社が疑義を表明したため加害者が保険を利用していないときは法律扶助が認められている（先例）。Renfors och Sverne, s.79.

第11条　法律扶助は以下各号の事項については特段の理由が存する時にのみ与えられうる——

1. 離婚およびこれに関連する問題に関するもの，
2. 子の扶養に関するもの，
3. 租税，関税，手数料または租税，関税，手数料の支払確保に関するもの，＊
4. 訴訟手続法第1章第3条dにより地方裁判所において1人の職業裁判官によって判断されるべきもの，
5. 第21条に係る場合を除き外国において処理されるべきもの。

　　＊ただし同号については，租税等の案件または訴訟における費用の補償に関する法

律（1989：479）（略称「補償法」）が存在することに留意すべきである。Renfors och Sverne, s.85.

第12条 スウェーデン国民でない者およびスウェーデンに居住していないか、またはかつて居住したことのない者は、その事項がスウェーデンにおいて処理され、かつ特段の理由＊が存するときにのみ法律扶助が与えられうる。外国において処理されるべき事項については、扶助申請人がスウェーデンに居住しているときにのみ法律扶助が与えられうる。

相互主義の要件の下に政府は、ある外国の国民およびその国の国民でなくそこに居住する者が、法律扶助についてスウェーデン国民と同視されるべき旨定めることができる。＊＊

＊従来の先例は特段の理由を極めて制限的に判断しており、それが認められたケースは子どもの問題に関する。最高裁は、とりわけ父性確定訴訟においては公益的見地から原則として外国（人）の被告に法律扶助を与える特段の理由が存するとみられるとして、同訴訟の被告である米国居住の米国人被告に法律扶助を認めた。Renfors och Sverne, s.95-96.
＊＊無国籍者または政治的難民は彼（女）が居住する国の国民と同視される（令36条）。Renfors och Sverne, s.97. なお、日本国民は本項に含まれている。

事業者に対する法律扶助

第13条 事業者または事業者であった者の事業活動から生じた事項については、その活動の種類・性質および限定された範囲、彼または彼女の経済的および人的関係ならびにその他の事情にかんがみ特段の理由が存しないときは、法律扶助は与えられない。

事業者とは、職業的とみられる経済的性質の活動を行うか、またはこのような活動を行う法人に決定的な影響力を有する自然人をいう。＊

＊経済的性質の活動を行いかつそれが職業的なものといいうるとき、その者は事業

者とみられる。当該活動が利益を目的とすることは必要でない。上記の者が法人であるときそれに決定的な影響を与える地位にある者も法的な意味の事業者とするのが先例である。本項はこの先例を確認するものである。Renfors och Sverne, s.99.

遺産財団に対する法律扶助の移転

第14条　法律扶助を与えられている者が死亡した場合，遺産財団がこれを求め，かつその事項の種類・性質および重要性，遺産財団および遺産共有者の経済的関係ならびにその他の事情にかんがみ国が費用に対する寄与を継続するのが合理的であるときは，法律扶助は遺産財団に移転する。

法律扶助に包含される利益

第15条　法律扶助が与えられた時，国は法律扶助補佐人のための費用を支払う。法律扶助補佐人による利益は，第34条により異なる決定がなされない限り最長100時間の〔補佐人の〕仕事の補償を包含する。*

　　*この上限はかなり緩和された基準であってこれを超過することが可能な反面，扶助の認可は当然に100時間までの補償に対する絶対的権利を与えるものではない。Renfors och Sverne, s.107．この100時間上限ルールについては27条の***（本書187頁），34条の*（本書191頁）も参照。
　　なお，スウェーデン法における補佐人の権限は，訴訟代理人のそれに近いものである。拙訳『スウェーデン訴訟手続法』12章22条およびその*（67頁）を参照。

第16条　法律扶助が与えられた時，国は通常裁判所，労働裁判所および市場裁判所における証拠調べのための費用を支払う。証拠調べのための費用の補償は，法律または法律の支持に基づきなされた規定により異なる結果が生じないときは，合理的な額について与えられる。

第17条　法律扶助が与えられた時，国は扶助申請人の権利を擁護するために

合理的に必要とされる調査の費用を最高1万クローナまで支払う。＊ただし，行政裁判所または行政機関によって審査される事項に関する調査については，その事項を審査する裁判所または機関によって調査がなされうるときは，支払われない。

　調査に協働した者は，政府または政府が定める機関が制定する規定により補償を求める権利を有する。

> ＊訴訟手続法40章19条によるいわゆる私的鑑定人の費用は調査費用として支払われうる。Renfors och Sverne, s.110.

第18条　法律扶助が与えられた時，訴訟手続法第42章第17条による調停人の費用は国が支払う。

　調停人はその労働，時間の空費＊およびその職務に要した支出について合理的な補償を求める権利を有する。＊＊

　調停人は当事者から補償を受けることを要求し，または受け取ってはならない。それが行われたときは，その要求は無効であり，かつ調停人は当事者に対し受け取ったものを返還しなければならない。

> ＊時間の空費については27条の＊（本書187頁）を参照。
> ＊＊調停人に対する補償については27条における補佐人に関する規定が指標となりうる。しかし，同条による費用基準は職員の賃金および事務所賃料等を含む弁護士活動を行うための平均的諸経費を顧慮して作成されているので，このような経費を要しない調停人についてこの基準はそのまま適用できないことに留意すべきである（理由書）。Renfors och Sverne, s.113. 拙訳『スウェーデン訴訟手続法』42章17条の＊＊（234頁）も参照。

第19条　法律扶助が与えられた者は，通常裁判所における手数料に関する政令（1987：452）による申請手数料もしくは受付手数料（expeditionsavgift），＊支払命令および簡易訴訟に関する法律（1990：746）による事件における申請手数料または手数料令（1992：191）第15条第1号ないし第3号による手数料を支払うことを要しない。＊＊

執行力ある判断に導く事項または執行に関する事件において法律扶助が与えられた者は，執行官局のもとでの強制執行手数料を支払うことを要しない。

法律扶助が与えられた者は，裁判所における事件または案件における公示のための費用を支払うことを要しない。（法律 2006：724）

> ＊『スウェーデン法律用語辞典』の expeditionsavgift の項では「申請手数料」と訳したが，ここでは申請手数料（ansökningsavgift）と区別するために訳語を変えた。なお，申請手数料は訴訟または案件を裁判所に係属させる際に支払う手数料であるが，訴え提起のそれも定額であり，現在 450 クローナである（通常裁判所における手数料に関する政令 2 条，別表）。
> ＊＊通常裁判所における申請手数料免除の効果は遡及的であり，手数料を支払済みの申請人が最後に法律扶助を認可されたときは，上記政令 5 条により手数料の返還を受けることができる。Renfors och Sverne, s.114.

第 20 条　法律扶助が与えられた者は，法律扶助に係る事項について訴訟手続法または破産法（1987：672）による仮差押えまたは他の同様の措置を得るために担保を提供することを要しない。扶助申請人が相手方当事者に加えた損害を支払うことができないときは，国はその損害のために被害者に対してその責めを負う。＊

第 1 項は，執行事件について法律扶助が与えられたときは，強制執行法第 3 章第 8 条または第 9 条による執行についても適用される。

> ＊被害者（相手方当事者）はまず法律扶助の受給者に対して支払を請求し，その支払が得られないことを要する。このような場合の国は，扶助申請人の有する請求に対する抗弁を援用することができる。Renfors och Sverne, s.115.

外国での性犯罪の被害者に対する法律扶助に関する特則

第 21 条＊　外国で処理されるべき事項において，事案が刑法第 6 章による犯罪に相当する扶助申請人に対する性犯罪に係り，かつ申請人が第 22 条に述べる利益のいずれかを必要とするときは，法律扶助が与えられうる。

第 1 項に係る事項については第 2 条第 2 項および第 9 条は適用されない。

＊本条は 11 条 5 号に対する例外を規定する。しかし 6 条および 8 条は本条の場合に適用される。また，本条は例えば旅費および滞在費のみの援助の必要がある場合にも適用があり，7 条の適用はない。本条の決定はつねに法律扶助機関によってなされる（39 条）。Renfors och Sverne, s.116.

第 22 条　第 21 条により法律扶助が与えられた時，国は，補佐人のための費用および扶助申請人の権利を擁護するために必要な証拠調べおよび調査の費用，ならびに扶助申請人または彼もしくは彼女の法定代理人および介護者その他外国における裁判所もしくはその他の公的機関への出頭に関連して用いなければならない者のための旅行および滞在の費用を支払う。＊ ただし，その費用が保険でカバーされないかまたは外国における裁判所もしくはその他の公的機関によって補償されない限度のみに限る。

　政府または政府が定める公的機関は第 1 項による補償について細則を定める。

＊必要な範囲における通訳の費用も含まれうる。Renfors och Sverne, s.119.

若干の越境事項における法律扶助に関する特則＊

＊この特則は，EU 加盟国間における越境事項（その定義については 22 条 a 2 項参照）の争いに関する正義へのアクセスの改善に関する EC 指令（2003/8/EG）を実現すべく，スウェーデン以外の加盟国に居住する扶助申請人のために一連の規定を設けたものである。Renfors och Sverne, s.119.

第 22 条 a　自然人のための私法の領域における越境事項については第 22 条 b ないし第 22 条 d に述べる特則が適用される。

　ある事項は，それがスウェーデンにおいて処理されるべき場合で，かつ扶助申請人が法律扶助の申請をヨーロッパ連合内の他の加盟国における自己の住所または通常の滞在場所でする時は越境事項である。

扶助申請人が他の加盟国内に自己の住所を有するか否かの判断にあたっては，その国の法律が適用されなければならない。（法律 2004：738）

第22条 b　第6条に述べるところにかかわらずその経済的基礎が26万クローナを超過する扶助申請人は，扶助申請人が以下各号について証するときは法律扶助を認められうる──

1. 彼または彼女が自己の訴訟費用の全部または一部を負担する能力を欠くこと，* および
2. この能力の欠落が，スウェーデンと扶助申請人がその住所または通常の滞在場所を有するヨーロッパ連合内の国との間の生活費の差異に基づくこと。**（法律 2004：738）

> *和解交渉などの費用も包含される。Renfors och Sverne, s.121.
> **本条の判断基準として，申請人は当該加盟国における法律扶助の申請のための経済的基準を充足していることも顧慮されうる。Renfors och Sverne, s.121.

第22条 c　第9条第2項に述べるところは適用されない。*（法律 2004：738）

> *9条1項は適用される。もっとも，権利保護保険などの有無に関するあまり包括的な調査は要求されない。その調査は多くの場合に困難でありうる。Renfors och Sverne, s.122.

第22条 d　スウェーデン以外のヨーロッパ連合加盟国において法律扶助を与えられた者が，当該加盟国においてなされた執行力を有する裁判の執行を当地で求めるときは，第19条第2項に述べるところが適用される。*（法律 2004：738）

> *他のEU加盟国で法律扶助を認められた者は，スウェーデンにおいてその裁判の執行を求めるときなんら強制執行手数料（19条2項参照）を支払う必要がないことを意味する。Renfors och Sverne, s.122.

法律扶助手数料

第23条　法律扶助を与えられた者は，法律扶助補佐人のための費用および第38条による扶助申請人の経済的基礎＊にかんがみ決定される法律扶助手数料を支払わなければならない。

　法律扶助手数料は，法律扶助補佐人のための費用を決して超えてはならず，以下各号のとおりとする――
　1. 経済的基礎が5万クローナを超えないときは同費用の2パーセント，
　2. 経済的基礎が5万クローナを超えるが10万クローナを超えないときは同費用の5パーセント，ただし最低500クローナ，
　3. 経済的基礎が10万クローナを超えるが12万クローナを超えないときは同費用の10パーセント，ただし最低1000クローナ，
　4. 経済的基礎が12万クローナを超えるが15万クローナを超えないときは同費用の20パーセント，ただし最低1500クローナ，
　5. 経済的基礎が15万クローナを超えるが20万クローナを超えないときは同費用の30パーセント，ただし最低2000クローナ，
　6. 経済的基礎が20万クローナを超えるときは同費用の40パーセント，ただし最低5000クローナ。

　1時間を超える法律相談の手数料は，第2項第2号ないし第6号に掲げる最低額手数料から控除されなければならない。

　扶助申請人が未成年者である場合，扶助申請人の経済的関係がその理由を与えるときは，法律扶助手数料の支払を要しない旨決定することができる。

　法律扶助を与えられる遺産財団の手数料は，遺産財団および遺産財団共有者＊＊の経済的関係にかんがみ合理的な額が決定される。法律扶助が遺産財団に移転するときは，法律扶助手数料は被相続人の経済的基礎にしたがって算定される。（法律2000：273）

　　＊経済的基礎の算定については38条を参照。この経済的基礎という概念は1996年

の本法により導入されたものである。Renfors och Sverne, s.125-126.
　**遺産財団共有者とは残された配偶者・同棲者，相続人および包括受遺者をいう（相続法18章1条1項）。なお，遺産財団が法律扶助を認められた例は旧法以来比較的稀だという。Renfors och Sverne, s.128.

第24条　法律扶助手数料の算定の比率は，法律扶助が与えられる時に決定される。

　法律扶助案件が終結する前に扶助申請人の経済的基礎が根本的に変更されるときは，*合理的な比率への調整を行うことができる。第23条第4項に係る場合においては零に，その他の場合においては第23条第2項に述べる他の百分率への調整を行うことができる。調整はまた，百分率が従前に決定された場合に根本的に誤った判断がなされたとき，または不正確な情報が決定の基礎に置かれたときも行うことができる。

　より低い百分率または零への調整は，まだ支払われていない手数料についてのみ行うことができる。（法律1999：63）

　　*少額の年間給与の増加などは調整に導かない。これに対して申請人が当該訴訟において勝訴し，巨額の給付判決を得たときは調整の対象となる。もっともこのような場合には，法律扶助取消しの理由が存在しうる（32条4号）。Renfors och Sverne, s.129-130.

第25条　法律扶助手数料は法律扶助補佐人に対し，その費用が発生するのに応じて継続的に支払われなければならない。*

　政府または政府が定める公的機関は，法律扶助手数料の支払に関する細則を制定する。

　　*手数料は申請人から法律扶助補佐人に直接支払われる。令18条の支持をもって発せられた司法行政庁の規程によれば，最初に4分の1，ついで未払額が2000クローナに達するまで支払われるべきである。手数料が支払われないときは法律扶助は終了する（32条1号）。したがって，補佐人は裁判所ないし法律扶助機関に対し申

請人に請求した手数料が支払われなかったことを届け出るべきである。最終的に国は補佐人に対して，申請人が直接に支払う額と補佐人への補償全額との差のみを支払うことになる。Renfors och Sverne, s.130-131.

法律扶助補佐人の任命および交替

第 26 条 法律扶助補佐人には弁護士，弁護士事務所の弁護士補または職務に適切であるその他の者が任命されうる。* 扶助申請人自身が適切である者を提案した場合これに反する特段の理由が存しないときは，この者を任命しなければならない。補佐人はそのための理由が存するときは解任されうる。

補佐人の交替は，特別の許可の後かつ特段の理由が存するときにのみ行うことができる。** 補佐人の交替がすでに一度行われているときは，新たな交替は顕著な（synnerlig）理由が存するときにのみ行われる。***

補佐人はそれが相当な（beaktansvärd）費用の増加を伴わないときは，弁護士または弁護士事務所の弁護士補を自己の代わりにすることができる（代用（substitution））。**** その他における代用は，特別の許可の後にのみ行うことができる。（法律 2009：1253）*****

　　*理由書によれば，補佐人には原則として法学士試験（わが国の司法試験に相当）に合格している者が任命されるべきである。Renfors och Sverne, s.132.
　　**補佐人・申請人間に深刻な対立が生じたという状況は，必ずしも交替のための特段の理由として十分ではない。対立の原因が考慮されなければならない。このような対立が申請人の言動により生じたのであれば，それは許可を与えないための理由を構成しうる。Renfors och Sverne, s.135.
　　***顕著な理由とは，補佐人の職務の遂行をほとんど不可能にするような事情をいう。例えば補佐人が病気になったり，除斥・忌避原因が発生したりした場合など。Renfors och Sverne, s.136.
　　****代用は補佐人の支障が短期間の場合に用いられる。長期的な支障の場合は交替がなされるべきである。Renfors och Sverne, s.137. なお，substitution は復代理の意味もあるが，補佐人は代理権を有しないので，「代用」と訳した。拙訳『スウェーデン訴訟手続法』12 章 13 条およびその*（64 頁）を参照。

*****法律 2009：1253 による本条，27 条および 29 条の改正は，法律扶助補佐人の選択の可能性の範囲を拡大することを意図してなされたものである。刑事事件における公共弁護人についても同様の法改正が行われた（訴訟手続法 21 章 5 条，10 条の改正）。

法律扶助補佐人に対する補償

第 27 条　法律扶助補佐人は労働，時間の空費＊およびその職務に要した支出＊＊について合理的な補償を受ける権利を有する。労働の補償はその職務の種類・性質および範囲にかんがみ合理的な時間の消費を出発点として，かつ時間費用基準を適用して定められなければならない。＊＊＊政府は時間費用基準に関する規定を定める。この時間補償は，その職務の遂行にあたっての有能性および配慮またはその他の重要な事情がその理由を与えるときは，この時間費用基準から乖離することができる。法律扶助補佐人への補償は，技術的補佐人を用いた場合の補償に関わるものであってはならない。＊＊＊＊

　法律扶助補佐人に対する補償は，特段の理由が存するときにのみ法的事項が主として処理された場所から補佐人の活動の拠点が遠く離れていることに基づき発生した時間の空費および支出のための増加費用に関することができる。扶助申請人または提案された法律扶助補佐人の申請に基づきこのような増加費用が補償の権利に包含されるか否かに関する事前情報が与えられなければならない。

　申請前の労働に対する補償は，小範囲＊＊＊＊＊または急速を要する種類・性質のもののみに支払われる。第 26 条第 2 項による補佐人の交替の際には，交替決定前になされた新たな補佐人の労働に対する補償の権利についてこれが準用される。

　補佐人が過失または過怠により法律扶助の費用を起因したときは，補償の決定をするにあたってこのことを顧慮しなければならない。補佐人が第 17 条による調査もしくは第 26 条による代用を決定する権限を濫用したとき，またはそうでなくとも特段の理由が存するときは，補償は減額することができる。

補償が決定される時若干の場合においては料金表が適用されなければならない。政府または政府が定める公的機関は料金表および時間空費の補償の算定に関する規定を制定する。(法律 2009：1253)

> ＊時間の空費とは，仕事のために必要な旅行や待機の時間など，仕事自体ができなかった時間を意味する。Renfors och Sverne, s.151.
> ＊＊支出には旅費および滞在費，訴訟外での通訳・翻訳，登記・登録証書の印紙税などを含む。しかし，電話，コピーなど通常の事務所運営の費用に属するものは含まれない（報酬の中に含まれる）。Renfors och Sverne, s.149.
> ＊＊＊時間費用基準によれば，2006 年では 1 時間 1029 クローナである（消費税を除く）。これには事務所運営の費用が含まれている。なお判例，先例によれば，判例の調査・研究は原則として補償の対象となる仕事ではない。補佐人に任命される者は特別の調査・研究なしに申請人の事件を引き受けられる教育と経験を有していることが前提とされている。もっとも，複雑な法律問題に関する調査・研究の時間は補償の対象となりうるが，先例は極めて制限的である。Renfors och Sverne, s.143, 146. ちなみに，リンドブロームは確証のない風評であることを留保しつつ，企業弁護士と異なる多くの原告弁護士ないしヒューマンな弁護士（humanjurister）は，本口頭弁論が行われた事件の通常の報酬として勝訴の場合には 1 時間約 2500 クローナ，敗訴の場合には時間費用基準による金額（2008 年では 1 時間 1056 クローナ）を請求する，と記している。Lindblom, *Grupptalan i Sverige*, s.142 not 31.
> ＊＊＊＊技術的補佐人に対する補償は 17 条 1 項の調査の費用になる。Renfors och Sverne, s.149.
> ＊＊＊＊＊理由書によれば，小範囲の仕事とは弁護士の 1 日分の報酬（報酬請求時間 6 時間分）に相当するものをいう。Renfors och Sverne, s.157.

第 28 条　法律扶助補佐人に対する補償は，その法的事項が判決もしくは決定によって判断されるのに関連して，または法律扶助案件がその他の仕方で終結する時に確定される。

　補佐人が適時に補償を求めず，その結果裁判所によって補償を確定してもらう権利を喪失したときは，補佐人において当該事項が裁判所に係属していることを知らなかったか，または過怠がその他の弁明しうる錯誤＊に基づくことを条件として，法律扶助機関が補償について確定することができる。この場合には，法律扶助手数料を超える補償の部分は国の負担に帰する。

＊法律扶助に関する通知前に召喚状申請書（訴状）が提出され，当事者の出頭がないため欠席判決がなされたケースについて，法律扶助機関は弁明しうる錯誤を認めている（先例）。Renfors och Sverne, s.162.

第29条＊　法律扶助補佐人は第27条に定めるもののほか，本人から補償を要求し，または受け取ってはならない。これが行われたときは，要求は無効でありかつ補佐人はその余分に受け取ったものを本人に返還しなければならない。ただし法律扶助補佐人は，第27条第2項により補佐人の補償の権利に包含されない時間の空費および支出のための合理的な補償を要求しまたは受け取ることができる。（法律2009：1253）

　＊Renfors och Sverne には本条の法文および注釈が欠けている（附録の法律扶助法の法文としてはある）。

相手方当事者の償還義務

第30条　訴訟手続またはこれに相当する他の手続における相手方当事者の費用のための責任に関する法律の規定は，法律相談手数料および相手方当事者の法律扶助補佐人のための費用についても適用される。ただし，利息は支払うことを要しない。

　法律扶助の費用のための償還義務を負う者は，扶助申請人に対しその法律相談手数料および法律扶助手数料に相当する額を支払わなければならない。その余の額は国に支払わなければならない。その償還義務者が法律扶助の費用の一部のみ償還することを命じられたときは，扶助申請人および国に対し，それぞれに対応する配分額を支払わなければならない。＊

　＊39条，41条参照。

共同当事者の償還義務

第31条 裁判所での事件または案件において，複数の共同当事者にとって共通である補佐人のための費用が法律扶助費用として補償されたときは，法律扶助を有しない共同当事者は各自その者に帰属する費用の部分を支払わなければならない。配分は他に導く事情が存しないときは頭数に応じてなされなければならない。*

第1項の適用にあたっては，相手方当事者またはその他の者が第30条の支持をもって支払うことを命じられた費用の部分の控除がなされなければならない。

法律扶助手数料および共同当事者が第1項により支払うことを命じられたものの合計額が補佐人に対する補償を超えるときは，共同当事者は超過部分を法律扶助を有する者に，残余を国に支払わなければならない。**

> *理由書によれば，極めて同情に値するような場合には共同当事者の負担を零に調整することもできる。Renfors och Sverne, s.166.
> **注釈書は，法律扶助補佐人のための費用が4万クローナに達し，扶助申請人に3人の共同当事者がおり，申請人の法律扶助手数料率が40％に決定された場合を例にとって説明する。彼（女）は40％×4万クローナすなわち1万6000クローナを，共同当事者らは3×1万クローナすなわち3万クローナを支払うべきである。4人の支払額の合計は4万6000クローナになる。この場合，共同当事者らは各自2000クローナを申請人に，8000クローナを国に支払う。申請人は支払った1万6000クローナのうち6000クローナの返還を受けることができる。その結果は，4人の当事者全員が1万クローナずつ支払ったことになるわけである。
> ところで，本項が適用される場合は極めて稀だといわれる。本項が適用されるためには，申請人の法律扶助手数料が高率であり，少なくとも3人の共同当事者が申請人の側に存在し，さらに相手方当事者が30条により費用を支払うべきでないことが前提とされるからである。
> なお，裁判所は共同当事者が支払うべき額—上記の設例では1万クローナ—のみを決定し（41条），その後に法律扶助機関が誰に支払うべきか（上記の例では国に8000クローナ，申請人に2000クローナ）を決定する（39条）。Renfors och Sverne, s.166-167.

法律扶助の終了

第32条 法律扶助は以下各号の場合には終了する——

1. 法律扶助手数料が第25条によって支払われないとき，
2. 扶助申請人が不正確な情報を提供し，かつ正確な情報が提供されていたならば法律扶助が与えられるべきでなかったとき，
3. 扶助申請人が故意または重大な過失により，過度に低額の法律扶助手数料に導くのに寄与した情報を提供したとき，
4. 扶助申請人の経済的関係が，彼または彼女がもはや法律扶助を受ける資格を有しないほどに変動したとき，
5. 法律扶助補佐人が，他の法律扶助補佐人が任命されることなく解任されたとき，*
6. 事項の種類・性質および重要性，係争物の価額ならびにその他の事情にかんがみ，もはや国が扶助申請人の費用に寄与するのが合理的でないとき。

*法律扶助は法的補佐の必要性を充足するためにのみ与えられるものだからである。申請人の求めに基づき補佐人が解任されて法律扶助が終了した後に，申請人が新たに法律扶助の申請をするときは，26条による補佐人の交替の要件が存しない限り，通常この申請は8条の支持をもって拒否される。Renfors och Sverne, s.172.

第33条 第10条第9号に係るような場合であるにもかかわらず法律扶助が与えられたときは，法律扶助の終了の決定をすることができる。* ただし，法律扶助の終了が明らかに合理的でないときはこの限りでない。

*いわゆる試験訴訟が終局的に判断されたかまたは試験訴訟における事情が変更するときは，もちろん新たに法律扶助が与えられることになる。Renfors och Sverne, s.173.

第34条* 第27条による補佐人の労働に対する補償の権利が100時間に達する場合第2項により異なる決定がなされない時は，法律扶助は終了する。

法律扶助補佐人は，補佐人がその職務に費やした労働が100時間に達するかまたは近づいた時は，裁判所に届け出なければならない。裁判所は直ちに法律扶助を終了すべきか否かについて審査しなければならない。法律扶助を続行すべきときは，裁判所はその後に法律扶助補佐人による利益に包含できる時間数を定める。

　第39条により法律扶助機関が法律扶助問題について決定する場合には，第2項の規定は〔裁判所に〕代わって同機関に適用される。

> ＊本条は15条と密接に関連する。Renfors och Sverne, s.174. 同条およびその＊も参照。
> 　この100時間上限ルールについては，先例によれば，判例の調査・研究は原則として補償の対象となる仕事ではなく，補佐人に任命される者は特別の調査・研究なしに申請人の事件を引き受けられる教育と経験を有していることが前提とされていること，複雑な法律問題に関する調査・研究の時間は補償の対象となりうるが，先例は極めて制限的であることが参考となろう。Renfors och Sverne, s.143, 146. （この点は，27条の＊＊＊で述べたことの反復であるが，100時間上限ルールに対してはスウェーデンの法律扶助制度に関心を有するわが国の弁護士からの疑問の提起もあるので再言しておく（拙稿・前掲「スウェーデンの法律扶助—法制度の現状と評価を中心として—」156-157頁，159-160頁注（11），（12），（15）参照）。）

法律扶助費用の返還

第35条　法律扶助が第32条に述べる事由のいずれかに基づき終了したときは，扶助申請人は法律扶助の費用を合理的な範囲で国に返還しなければならない。＊

　法律扶助が第33条に述べる事由に基づき終了したときは，法律扶助手数料を超える法律扶助の費用は国に返還することを要しない。

> ＊返還義務は全ての法律扶助費用を含む。もっとも，32条1号または6号による終了の場合には，原則として法律扶助手数料に限定される（先例）。Renfors och Sverne, s.179.

第36条　法律扶助を与える決定が上訴に基づき取り消されたときは，*法律扶助を有した者は自ら法律扶助の費用を支払わなければならない。**ただし，特段の理由が存するときは，費用を国に返還することを要しないか，または一部のみ国に返還すべき旨命じられうる。

　　*このような取消しは，45条による法務監察長官の上訴によってのみ行うことができる。Renfors och Sverne, s.180.
　　**返還義務は前条と同様に全ての法律扶助に関する。Renfors och Sverne, s.180.

第37条　扶助申請人が過失または過怠により法律扶助の費用の増加を惹起したときは，彼または彼女はこの費用を，その余の法律扶助費用に対する責任がどのように配分されるべきかにかかわらず，国に償還しなければならない。扶助申請人の法定代理人についても同様である。

経済的基礎

第38条　この法律において経済的基礎とは，第2項による扶養義務，財産関係および債務負担を斟酌して算定された扶助申請人の年収をいう。*
　扶助申請人が子の扶養に寄与するときは，子1人について1万5000クローナ，ただし最高7万5000クローナまでこの算定された年収は減額されなければならない。**扶助申請人の支払能力が財産の保有もしくは債務の負担またはその他特段の事情に基づき根本的に増加または減少したときは，この算定された年収は合理的な額に増額または減額することによって調整されなければならない。
　経済的基礎の算定に関する細則は，政府または政府が定める公的機関が制定する。***（法律1999：63）

　　*意図するところは，申請人の全ての経済的状況が顧慮されなければならないということである。Renfors och Sverne, s.183.

＊＊この控除は扶養義務が継続する限り，すなわち子どもが18歳に達するかまたは基礎学校（わが国の小・中学校に相当）もしくは高等学校およびこれと同視される基礎教育の学生・生徒であるときは21歳まで存続する（親子法7章1条2項）。Renfors och Sverne, s.184.

＊＊＊旧訳には3項として「未成年者の経済的基礎は，両親の経済的関係にかんがみても決定されなければならない。」という法文が存在する。これは1999年の法改正で廃止されたことを看過し残してしまった訳者の過誤による。お詫びして訂正する。現在では未成年者の経済的基礎は子ども自身の経済的関係のみに基づき判断される。Renfors och Sverne, s.184.

法律扶助問題における決定

第39条 法的事項に関する事件または案件が裁判所に係属するときは，裁判所がこの法律に関する問題について決定する。その他の場合には，法律扶助機関がこの問題について決定する。＊ 法律扶助機関はまた，第30条第2項および第31条第3項による補償を誰に対し支払うべきかについて決定する。

法律扶助の申請が全部または一部拒否されるときは，決定はその結果を定めた理由を包含しなければならない。＊＊

この法律において裁判所について述べるところは，不動産賃貸借紛争処理委員会および建物等賃貸借紛争処理委員会にも適用される。

第17条第1項に係るような調査を行うべきか否かについては，法律扶助補佐人が決定する。（法律2004：738）

＊法律扶助機関は2004年3月以降スンスヴァル（Sundsvall）地方裁判所と行政的に協働しており，同裁判所の所長判事は法律扶助機関の長でもある。同機関には法律扶助の問題を取り扱う主席法律家（chefsjurist）が存する。Renfors och Sverne, s.188.

＊＊本項は2004年の法改正で導入されたもので，旧訳には存在しないが，訳文の脱落ではない。念のため。Renfors och Sverne, s.187.

第40条 法律扶助機関は，法律扶助補佐人に対する補償が確定した時，扶助申請人の法律扶助手数料を終局的に確定しなければならない。

補佐人に対する補償は，終局的に確定された法律扶助手数料を控除した後に支払われなければならない。補佐人が扶助申請人から終局的に確定された額よりも高額の手数料を受け取っていたときは，補佐人は超過額を扶助申請人に返還しなければならない。

第41条　当事者の一方が法律扶助を有する事件または案件における取扱いが終結されるのに関連して，第30条第1項および第31条第1項により相手方，共同当事者，扶助申請人またはその法定代理人が支払うべき額が決定されなければならない。第37条による償還義務の決定は，法律扶助を有する当事者の事件もしくは案件の取扱いが終結されるのに関連して，または法律扶助の終了に関連して発せられる。決定が裁判所または法律扶助機関以外のものによって発せられるときは，支払義務は特定の額を表示することなく，費用の全体または割合について定められなければならない。*

　債権者が破産手続中の事項について法律扶助を与えられているときは，償還義務に関する決定は，遅くとも配当の確定に関連して発せられなければならない。

　　*事後に法律扶助機関が誰に支払うべきかを決定する（39条1項末文）。Renfors och Sverne, s.190. 31条の**（本書189頁）を参照。

第42条　第30条第2項および第31条第3項による誰に対し補償を支払うべきかに関する決定，ならびに第40条による法律扶助手数料および補佐人に対する控除に関する決定は，法律扶助機関によって同機関が作成する法律扶助費用に関する登録情報の自動的データ処理を通じてなされうる。

　第30条第2項および第31条第3項による決定は，強制執行法の規定により執行することができる。

上訴等

第43条　この法律による裁判所の決定に対する上訴については，第2項に係る場合を除いて裁判所の決定に対する上訴に関する規定が原則として適用される。

　法律扶助補佐人への補償について上訴された問題に関する高等裁判所または行政高等裁判所の決定に対しては，上訴することができない。ただし，高等裁判所または行政高等裁判所は，訴訟手続法第54章第10条第1項第1号ないしは行政訴訟法（1971：291）第36条第1項第1号により審査許可が与えられるべき特段の理由が存するときは，その決定に対する上訴を認めることができる。

第44条　第17条第1項による調査に関する法律扶助補佐人の決定に対しては上訴することができない。

　第30条第2項，第31条第3項および第40条第2項による法律扶助機関の決定に対しては上訴することができない。法律扶助機関のその他の決定に対しては法律扶助委員会に上訴することができる。*

　法律扶助委員会の決定に対しては上訴することができない。

　　*法律扶助機関の決定については，行政機関の決定に対する上訴に関する行政〔手続〕法23条の規定が適用される。Renfors och Sverne, s.194.

第45条＊　法律扶助に関する決定に対しては，私人の当事者および法務監察長官から上訴することができる。上訴の期間が当事者が決定を受領した日から算定されるときは，法務監察長官はそれにもかかわらず決定の日から2月よりも遅くには上訴することができない。法務監察長官は私人の当事者の利益のためにも決定に対し上訴することができる。（法律2005：75）

　　*若干の決定に対し上訴する法務監察長官の権利に関する法律（2005：73）も参照。

第46条　法務監察長官は，第32条ないし第34条により法律扶助が終了すべき旨の決定を求めることができる。（法律2005：75）

第47条　補償に関する決定に対し上訴した法律扶助補佐人は，上級審において特段の理由が存するときにのみ，自己の申立てを支持する新たな事実を主張することができる。

法律扶助委員会

第48条＊　法律扶助委員会は，現に正規の裁判官であるかまたはかつてあった委員長と弁護士2人およびその他2人の委員によって構成される。全ての構成員はスウェーデン国民でなければならない。彼らは未成年または親子法第11章第7条による成年後見人を付されている者であってはならない。

　政府は，一定の期間を限って委員を任命し（förordnar），かつ委員長を任命する（utser）。委員長のために1人または複数の代行者が存在しなければならない。その他，政府は適切な数の委員の代行者を任命することができる。委員長および委員に関する規定は，代行者にも適用される。

> ＊委員会は現在では法律扶助機関の決定に対する上訴のみを審査する。委員会の事務的仕事はネードレ・ノルランド（Nedre Norrland）高等裁判所が行う（法律扶助委員会規則（1990：1049））。Renfors och Sverne, s.199.

第49条　法律扶助委員会は，委員長および最少2人の他の構成員，そのうちの1人は弁護士，他の1人はそうでない構成員で決定を行うことができる。ただし，原則的意義を有するか，またはそうでなくとも特に重大な案件の判断にあたっては，全構成員が関与しなければならない。

　民事訴訟における票決に関する訴訟手続法の規定は，法律扶助委員会が案件を判断する時に適用される。ただし，委員長は最初に自己の意見を述べなければならない。＊

＊票決については訴訟手続法16章の規定が適用されるが，委員長が最初に意見を述べる点が異なる。Renfors och Sverne, s.199.

1. この法律は1997年12月1日から施行し，法律扶助法（1972：429）は同時に廃止される。
2. ただし廃止される法律は，以下各号については引き続き効力を有する——
－1997年12月1日前に与えられた一般法律扶助，刑事事件における被疑者・被告人に対する法律扶助または公的補佐人による法律扶助，または
－1997年12月1日前に裁判所，法律扶助機関またはその他の法律扶助について決定しうる公的機関に対しなされた上記のような法律扶助の申請。

婚姻法における財産分割＊の際の援助に関する規定（婚姻法第17章第7条a）

＊財産分割（bodelning）は離婚および配偶者一方の死亡等の場合に生ずる。『スウェーデン法律用語辞典』のbodelningの項を参照。（ただし，その説明を「婚姻の解消の場合などに，配偶者間または生存配偶者と相続人等との間でなされる婚姻権（giftorätt）＊財産の分割。同棲（婚）の解消の場合にも一種の財産分割が行われる。」と変える。原説明はミスリーディングなので，お詫びして訂正する。）

婚姻法

第17章第7条a＊　配偶者の経済的および人的関係ならびにその他の事情にかんがみ合理的であるときは，裁判所はその者の申請に基づき，最長5時間の労働のための財産分割執行者への補償が，第2項に述べる条件の下に公費から支払われるべき旨決定することができる（補償保証）。＊＊このような補償については法律扶助法（1996：1619）第17条が適用される。

この決定された補償保証による補償は，保証を取得した配偶者が〔財産分割

の対象〕財産について債務を控除した後に10万クローナ未満に値する持分を有するときに支払われる。補償は申請により財産分割執行者に支払われなければならない。*** 支払われた額は第7条の適用にあたっては同一の配偶者に帰属するものとされなければならない。****

　第1項および第2項による申請は，第2条に係る裁判所のもとになされる。
（法律1996：1622）

　　　*当事者が財産分割の仕方について同意しないときは，各当事者の求めに基づき裁判所が財産分割執行者を任命する。執行者は必要な場合には強制的に財産を分割する権限を有する。この強制的分割に対しては当事者から取消し（klander）の訴えがなされうる。執行者は合理的な報酬および費用の補償を求める権利を有し，配偶者双方は連帯してその支払義務を負う。本条はこれに関する一種の法律扶助である。本条を補足するものとして，財産分割の際の補償保証に関する政令（1997：407）がある。
　　　旧法律扶助法においては財産分割に対する法律扶助は極めて限定的であり，このことに対してしばしば批判が向けられてきた。本条はこの批判を受けて制定されたものである。なお，本条は登録されたパートナーシップ（同性同棲婚）者および同棲者（同性同棲者を含む）の財産分割の場合にも適用される（登録されたパートナーシップに関する法律（1994：1117）3章1条，同棲者法（2003：376）28条）。Renfors och Sverne, s.335-337.
　　　**申請には裁判所案件法（1996：242）が適用される。いずれの当事者も分割すべき財産を有しないときは，本条の補償は与えられるべきでない。配偶者の一方のみがこの補償を得ることができる。Renfors och Sverne, s.338-339.
　　　***この申請は別個の裁判所案件として処理される。申請人は財産分割執行者である（上記政令5条）。Renfors och Sverne, s.340.
　　　****財産分割執行者が5時間を超える仕事をした場合の超過部分については配偶者双方が連帯して支払う義務を負うが，配偶者相互間においては補償保証を有しない配偶者の全額負担となる。Renfors och Sverne, s.338.

被害者補佐人に関する法律（1988：609）*

　*本法を補足するものとして被害者補佐人に関する政令（1997：408）がある。

第1条　捜査が開始された時，被害者のための特別の補佐人（被害者補佐人）

が以下各号の事件（mål）においては任命されなければならない*――
 1. 明らかに被害者のためにこのような補佐人の必要が欠けないとき，刑法第6章による犯罪，**
 2. 被害者の被疑者に対する人的関係またはその他の事情にかんがみ被害者がこのような補佐人を必要とすると考えられうるとき，拘禁が伴いうる刑法第3章もしくは第4章による犯罪，刑法第8章第5条もしくは第6条による犯罪またはこのような犯罪の未遂，予備もしくは陰謀（stämpling）の罪，***
 3. 被害者の人的関係またはその他の事情にかんがみ被害者がこのような補佐人を特に強く必要とすると考えられうるとき，拘禁が伴いうるその他の犯罪。****

検察官または被告人が判決における責任の部分について上訴したときは，被害者補佐人は上級の裁判所において〔も〕任命することができる。*****（法律2001：230）

> *補佐人任命の必要が捜査の初期段階において生じたときは，現実の行為がいかなる犯罪に該当するか不確実でありうる。このような場合には警察または検察官の罪名の判断が基準とされるべきである。被害者は補佐人を得ることができる可能性についてできる限り速やかに通知されなければならない（捜査令（1947：948）13条a2項）。（この捜査令は古い法令であるが，最近の改正はSFS 2008：379。）通知義務は1回で足りるものではなく，捜査の過程において事情の変動によりそれ以上の通知が必要になることもありうる。Renfors och Sverne, s.238-239, 248-249.
> **本号は性犯罪に関し，この場合には補佐人任命の必要について強い推定が働く。その必要が欠ける状況とは例えばすでに法律扶助補佐人が任命されている場合である。しかし理由書によれば，裁判所は法律扶助補佐人を解任して被害者補佐人を任命することを妨げられない。その理由は，後者は全く法律扶助手数料の支払を要しないので被害者にとってより利益が大きいからである。Renfors och Sverne, s.240.
> ***刑法3章は生命および健康に対する罪，同法4章は自由および平穏に対する罪，同法8章5条は強盗罪，同章6条は重大強盗罪である。人的関係またはその他の事情の例示としては，職場における上下関係，教師と生徒との関係，被害者が子どもや老年であることなどが挙げられる。高裁判例には，被害者（女性）が弁護士であること自体は彼女が被害者補佐人の必要を欠くことを意味しないと判示したものがある。Renfors och Sverne, s.241.

****本号による任命は制限的に行われるべきだとされる。理由書は本号の対象となる犯罪として恐喝・財物強要罪（刑法9章4条），詐欺罪（同法9章1条，3条），窃盗罪（同法8章1条），法的事項に干渉する罪（同法17章10条）などを挙げている。Renfors och Sverne, s.242-243.
*****被害者のみが上訴した場合は含まれない。Renfors och Sverne, s.243.

第2条　被害者補佐人は，検察官が公訴を提起しないことまたはこのような公訴を取り下げることを決定した後は任命できない。（法律 1994：59）

第3条　被害者補佐人は事件における被害者の利益を擁護し，かつ被害者に対し支持および助力を与えなければならない。*
　被害者補佐人は，犯罪を理由とする私的請求が検察官によってなされないときは，その訴えを追行する被害者を援助しなければならない。** 被害者補佐人の職務は，訴訟手続法第22章第5条により事件が民事事件に関する定めにより別個の事件として取り扱われるために分離されたとしても，事件が訴訟手続法第1章第3条dにより取り扱われない限り存続する。被害者補佐人の職務はまた，地方裁判所の判決が私的請求についてのみ上訴されたときも存続する。
（法律 1994：59）

　*被害者補佐人は捜査段階において被害者が尋問される全ての場合に同席する権利を有する（捜査令7条3項）。また，無料で捜査記録の写しを入手する権利を有する（手数料令（1992：191）21条2項）。Renfors och Sverne, s.244-245.
　**被害者補佐人が任命された場合には検察官が私的請求を追行することはほとんどない。実際には私的請求の追行の援助がおそらく被害者補佐人の最も重要な職務になっているといわれる。ただし，私的訴追の提起を援助することはその職務に含まれない。Renfors och Sverne, s.244, 246.

第4条　被害者補佐人は被害者の申出*に基づきまたはそうでなくともそのための理由が存する時に任命される。任命にあたっては法律扶助法（1996：1619）第26条第1項が適用される。**
　被害者補佐人の交替およびこのような補佐人が自己の代わりに他の者を用い

る権利については法律扶助法第26条第2項および第3項が適用される。

　被害者補佐人は，事件における関係にかんがみ要求されるとき，またはそうでなくともそのための理由が存するときは解任されなければならない。***

　その他被害者補佐人については訴訟手続補佐人に関する訴訟手続法の規定が適用される。****（法律1996：1644）

　　*この申出は特別の形式を要せず，例えば電話で足りる。この申出がなされたときまたはそうでなくとも任命の必要性が存するときは，捜査指揮官（通常は検察官）は速やかに裁判所にその旨を届け出なければならない（訴訟手続法23章5条）。その際彼（女）は自己の意見を付することができる。Renfors och Sverne, s.249.
　　**このことは被害者補佐人には原則として弁護士または弁護士事務所の弁護士補が任命されるべきことなどを意味する。Renfors och Sverne, s.249.
　　***任命の時点では1条1号または2号に該当するとされた行為が事後に2号または3号に該当するとされ，後者所定の補佐人任命の権利のための要件を欠くにいたったときは，補佐人は解任されなければならない。もっとも理由書は，このような場合には要件を比較的寛大に解釈すべきことは自明だという。Renfors och Sverne, s.251.
　　****拙訳『スウェーデン訴訟手続法』12章22条およびその*（67頁）を参照。

第5条　被害者補佐人は，法律扶助法（1996：1619）第27条により法律扶助の際の補佐人について適用されるところに従い補償のための権利を有する。* 補償については法律扶助法第29条，第43条および第47条も適用される。（法律1996：1644）

　　*法律扶助法15条の100時間上限ルールの制限は被害者補佐人には適用されない。Renfors och Sverne, s.252.

第6条　被害者補佐人が任命されるときは，その後に被害者に生ずる私的請求を理由とする立証および調査の費用は，被害者がこのような事件を理由とする法律扶助を認められたときと同一の範囲で補償される。

　第3条第2項により被害者補佐人の職務が存続する場合において，被害者補佐人は政府が定める規定*により裁判所の前への出頭に関連する旅行および滞

在の費用について公費から補償を受ける権利を有する。（法律 1996：1644）

*証人等に対する公費からの支払に関する政令（1982：805）がそれである。Renfors och Sverne, s.256.

第7条　この法律に係る問題の決定は裁判所*によってなされる。
　ただし第6条に係る場合は，法律扶助法（1996：1619）により法律扶助の際の補佐人に妥当するのと同一の範囲で被害者補佐人が自ら調査について決定することができる。**（法律 1996：1644）

*訴追および事件におけるその他の問題について審査する裁判所。Renfors och Sverne, s.256.
**被害者補佐人が任命されているのに検察官が私的請求を追行する場合は除かれる（このような場合は稀であるが）。Renfors och Sverne, s.256-257.

第8条　被告人またはその他の者が，裁判所の決定により公費から弁護人のために支払われた費用を国に償還する義務に関する訴訟手続法第31章の規定は，被害者補佐人のための費用についても適用される。第3条第2項により被害者補佐人の職務が存続する事件においては，その費用について相手方当事者の訴訟費用のための責任に関する訴訟手続法第18章の規定が適用される。*（法律 1996：1644）

*訴訟手続法22章5条により私的請求が分離された場合に関する。したがって，被害者が勝訴したとき被告は国に被害者補佐人のための費用の支払を命じられる。Renfors och Sverne, s.257.

子どものための特別法定代理人に関する法律*,**（1999：997）

*子どものための特別法定代理人は，被害者補佐人と監護者双方の職務を行う者と

いえる。本法は必要な場合には特別法定代理人と並んで被害者補佐人が任命されることを妨げないが，その必要は通常ないだろうとされる（理由書）。Renfors och Sverne, s.259-260.
　ちなみに，スウェーデン法の監護者とはわが国の親権者に相当する（親子法 10 章 2 条，13 章 1 条参照）。
**本法を補足するものとして子どものための特別法定代理人に関する政令（1999：998）がある。

特別法定代理人が任命されるべき時

第 1 条　18 歳未満の者に対して拘禁を起因しうる罪が犯されたと考える理由が存する場合，以下各号にあたるときは子どものために特別法定代理人が任命されなければならない*――
  1. 監護者が犯罪のために疑われうる（kan misstänkas）** とき，または
  2. 監護者が犯罪のために疑われうる者と自己との関係に基づき，*** 子どもの権利を擁護することができないであろうことが危惧されうるとき。
　特別法定代理人は，子どもにかんがみ不必要であるかまたはそうでなくともこれに反する特段の理由が存するときは任命してはならない。****

　　*特別法定代理人は両監護者に代わって法定代理人となる（3 条 1 項）。
　　　監護者が婚姻している場合でも，以下各号の要件はその 1 人について充足されれば足りる。Renfors och Sverne, s.262.
　　**この表現は，嫌疑の立証が極めて弱い場合も含むことを意味する。Renfors och Sverne, s.260-261.
　　***配偶者，同棲者，恋人，親族，親友などの関係が挙げられる。Renfors och Sverne, s.261.
　　****年齢や成熟度にかんがみ，未成年者が尋問などの問題について自身で判断できるときは特別法定代理人を任命する必要は存しない。Renfors och Sverne, s.261.

第 2 条　子どもが婚姻していないかまたは婚姻類似の関係の下に同棲していない 2 人の監護者を有し，かつ第 1 条〔第 1 項〕* 第 1 号または第 2 号に述べ

るような事情がその1人についてのみ存するときは，他の監護者が単独で捜査中およびそれに引き続く訴訟手続における子どもの権利を擁護するために任命されなければならない。**

　ただし，監護者相互の関係またはその他特段の事情にかんがみ子どもの最上の福祉に資すると考えられうるときは，特別法定代理人が任命されなければならない。

　　　＊原文には「第1項」という表示はない。
　　　＊＊他の監護者が法定代理人に任命され，特別法定代理人任命の問題は生じない。
　　　Renfors och Sverne, s.262.

特別代理人の職務

第3条　特別法定代理人は子どもの監護者の代わりに法定代理人として捜査中およびそれに引き続く訴訟手続における子どもの権利を擁護しなければならない。ただし，この法定代理人は公訴が提起されていないのに，訴追を提起することはできず，および損害賠償の訴えを提起することもできない。

　尋問の際の被害者補佐人の同席について訴訟手続法第23章第10条および第11条に述べるところは，特別法定代理人について適用されなければならない。

任命の申請

第4条　第1条または第2条による任命の申請は，検察官から地方裁判所のもとになされる。＊

　　　＊この申請は裁判所案件に関する法律（1996：242）により取り扱われる（13条）。検察官の相手方当事者は監護者である（14条）。管轄に関する特別の規定は存しないが，大抵の場合は訴追が提起されるべき裁判所（訴訟手続法19章）に申請が提出されることになろう。Renfors och Sverne, s.266. 裁判所案件法については本書30頁以下参照。

特別法定代理人に任命されうる者

第5条 特別法定代理人には弁護士，弁護士事務所の弁護士補またはその他の者が任命されうる。その知識および経験ならびに人的資質に基づき職務のために特に適切な者のみが任命されうる。*

> *要求される経験からして大抵の場合には弁護士が特別法定代理人として適切だろうとされている。Renfors och Sverne, s.267.

中間的決定

第6条 子どもの権利を擁護することができるために必要であると考えられうるとき裁判所は，子どもの監護者〔の意見〕を聴くことなしに案件が判断される前に，第1条または第2条による任命について決定することができる。*

> *この中間的決定は監護者が意見を述べる機会を与えられたときに再審査されなければならない。これはできる限り速やかに行われるべきである。Renfors och Sverne, s.268.

第7条 検察官は中間的決定が発せられた後に，子どもに関してとられる捜査上の措置*について子どもの監護者に通知しなければならない。通知は捜査上の支障なしに可能な限り速やかになされなければならない。**

> *子どもに対する尋問，医師の診察など。Renfors och Sverne, s.269.
> **迅速性の要請にかんがみ，通知は電話または人的接触によることが必要でありうる。Renfors och Sverne, s.269.

交替および解任

第8条 特別法定代理人の交替については法律扶助法（1996：1619）第26条第2項が適用される。*

*同条3項は適用されないので，特別法定代理人は法律扶助補佐人と異なり他の者を自己の代わりに用いることはできない。Renfors och Sverne, s.269.

第9条　特別法定代理人がもはや必要とされないときは，この法定代理人は解任されなければならない。*

*特別法定代理人の解任に関連して子どものための被害者補佐人任命の要件が存在するときは，その特別法定代理人を被害者補佐人に変更するのが多くの場合自然だとされる。Renfors och Sverne, s.270.

第10条　第2条による監護者の1人を任命するための要件がもはや存しないときまたは任命がもはや必要でないときは，任命は取り消されなければならない（skall det återkallas）。

補償問題

第11条　特別法定代理人は法律扶助補佐人に妥当する法律扶助法（1996：1619）第27条による補償の権利を有する。補償については法律扶助法第29条，第43条および第47条も適用される。

第12条　特別法定代理人が任命された時はその他に，被害者補佐人に関する法律（1988：609）第6条第1項，第7条および第8条第1文において補償および償還義務に関して被害者補佐人について述べるところが適用される。そこで被害者補佐人について述べるところは特別法定代理人に係るものとする。
　民事事件において特別法定代理人のための費用を国に償還すべき子ども以外の者*の義務については，相手方当事者の訴訟費用のための責任に関する訴訟手続法の規定が適用される。

*子どもの相手方当事者またはその代理人など。Renfors och Sverne, s.272.

手続問題

第13条 この法律による案件は裁判所案件に関する法律（1996：242）により取り扱われる。*

> *特別法定代理人の任命，交替および解任ならびに特別法定代理人に対する補償に関する決定に対しては法務監察長官から上訴ができる（若干の決定に対し上訴する法務監察長官の権利に関する法律（2005：73））。この法律は上記案件法から若干乖離する。Renfors och Sverne, s.273，341.

第14条 第1条または第2条による任命の案件において子どもの監護者は検察官の相手方当事者である。*

> *1条による監護者以外の者を特別法定代理人に任命する案件においては両監護者が相手方当事者となり，監護者は各自が決定に対し上訴する権利を有する。2条による監護者の1人を法定代理人に任命する案件においても両監護者が相手方当事者となる。Renfors och Sverne, s.273-274.

第15条 特別法定代理人の交替または解任の申請は，子どもの監護者，特別法定代理人または検察官からなされうる。特別法定代理人は彼または彼女がその案件において意見を述べる機会を与えられることなしに解任されてはならない。*

任命の取消しに関する第10条による申請は，子どもの監護者または検察官からなされうる。

裁判所はまた職権で代理人の交替および解任ならびに任命の取消しの問題を取り上げることができる。

> *しかし特別法定代理人は，この案件における相手方当事者ではない。したがって特別法定代理人は案件法32条の支持をもって案件における訴訟費用の償還を義務付けられることはない。Renfors och Sverne, s.274.

第16条　第1条および第2条による任命の決定，第6条による中間的決定ならびに第8条，第9条および第10条による特別法定代理人の交替もしくは解任または第2条による任命の取消しに関する決定は，他に異なる定めがなければ直ちに効力を生ずる。

この法律は2000年1月1日から施行する。

若干の決定に対し上訴する法務監察長官*の権利に関する法律（2005：73）

*法務監察長官については『スウェーデン法律用語辞典』のJustitiekanslern（JK）の項を参照。法務監察長官は公共または私人の利益（3条2項2文参照）のために訴えを追行する広範な権限を有する。

第1条　法務監察長官は以下各号に関する裁判所の決定に対し上訴する権利を有する——
1. 婚姻法第17章第7条aによる補償保証，
2. 被害者，私人の当事者，弁護人，被害者補佐人，子どものための特別法定代理人，証人，鑑定人またはその他当事者でない者への公費からの補償，
3. 公共弁護人，被害者補佐人または子どものための特別法定代理人の任命または交替，ならびに
4. 訴訟手続法第31章第1条および第11条による弁護人の費用または被害者補佐人に関する法律（1988：609）第8条による被害者補佐人の費用の償還義務。

第1項第2号による決定に対し上訴する権利は，租税等の案件または訴訟における費用の補償に関する法律（1989：479）による公費からの補償に関する決定に対する上訴を包含しない。*

＊この上訴は公共代理人（det allmänna ombudet）等が行う。Renfors och Sverne, s.204. 公共代理人については租税等に関する案件および訴訟における費用の補償に関する法律（1989：479）1条の＊＊（本書163-164頁）を参照。

第2条＊　法務監察長官は以下各号の裁判所の決定に対し上訴する権利を有する——
1. 弁護人＊＊を排除し（avvisa）または弁護人を排除することを求める申出を棄却するもの，および
2. 公共弁護人の任命を取り消しまたはこのような任命を取り消すべき旨の申出を棄却するもの。

　　＊検察官はこのような決定が上訴されるべきだと考えるときは，その旨を法務監察長官に届け出るべきである。Renfors och Sverne, s.344.
　　＊＊私選弁護人および公共弁護人の両者を含む。Renfors och Sverne, s.344.

第3条　法務監察長官は第1条および第2条による決定に対し別個に上訴することができる。このような上訴の際は，以下の乖離をもって当事者からの別個の上訴に妥当する規定が適用される。＊
　上訴の期間が当事者が決定を受領した日から算定されるときは，それにもかかわらず法務監察長官は決定の日から2月よりも遅くには上訴することができない。法務監察長官は私人の当事者の利益のためにも決定に対し上訴することができる。

　　＊本項は，法務監察長官はつねに決定に対し（当事者とは）別個に上訴できることを明らかにしている。このことは訴訟手続法49章8条1項の例外を意味する。ただし審査許可は法務監察長官の上訴にも要求される。Renfors och Sverne, s.344.

第4条　裁判所の決定に対する上訴の際の上訴の通知の要請については訴訟手続法第49章第6条が適用される。＊

＊上訴の通知の期間は決定の日から1週間内である（訴訟手続法49章6条2項）。
Renfors och Sverne, s.345.

〔施行関係規定省略〕

後記

　本訳稿は当初かつての所属大学の紀要に発表することを予定していたものであるが，思い直して広範な実務家層を主要な読者とする本誌〔判例タイムズ〕に掲載させていただくことにした。

　司法制度改革の一環として，旧「財団法人法律扶助協会」は発展的解消を遂げ総合法律支援法に基づく「日本司法支援センター」（法テラス）が2006年10月から発足した（この点は，法科大学院および裁判員制度の導入とならぶ司法制度改革の三本柱といわれる）。旧協会にいささかの関わりをもっていた私は，同センター発行の雑誌『ほうてらす』などの寄贈を受けており，その活動を望見しつつ一層の発展を期待している一人である。だが，およそ人間の設営する制度に完璧なものなどありえまい。法テラスについても制度・運用の両面において一層の改革・改善が求められるであろう。本稿は単なる外国法の紹介に過ぎないが，この国の法律扶助（広範な意味での）をより良いものにするために示唆的な内容を含んでいると考える。この意味で，拙稿は法律扶助に関わる職域で働く地の塩のような方々に対する私なりの感謝と応援の微意の表明のつもりである。

　（校正時に「座談会　スタッフ弁護士1期生卒業！～総括と今後の展望～」自由と正義61巻2号（2010）111頁以下に接した。そこでは法テラスの現場で働く若い弁護士たちの感動的な記録が法テラスの問題点とともに率直に語られている。このような人たちこそまさに「地の塩」という表現にふさわしい存在だということを改めて痛感する。あえて附記しておきたい。)

附　録

1 および 2 はいずれもスウェーデンの国会オンブズマンに関する。

オンブズマン研究は私にとって本来の研究テーマに属しないが，この制度の発祥の地がスウェーデンであり，私自身のスウェーデン法研究にとってスウェーデン公行政の法的コントロールの問題の考察は避けて通れないものであることに加えて，さまざまな偶然の事情が作用して，私は結果的にわが国のオンブズマン研究にかなりコミットするようになった。これは私自身の学問をより豊かなものにしてくれただけでなく，いささかは関係学界のお役にも立てたようである（例えば，島田肇「わが国におけるオンブズマン制度の研究動向―福祉オンブズマンまでの研究背景―」『行政苦情救済＆オンブズマン』Vol. 13（2004）13 頁以下参照）。

1. オンブズマン随想―ある前史の回想―

私が ombudsman という言葉，制度を知ったのは，1969 年に裁判官職を辞してスウェーデンに留学してからである。1809 年制定のスウェーデン統治組織法（憲法）は，国会の国家行政に対する調査・監察権を代行する制度として司法オンブズマン（justitieombudsman）とよばれる制度を創設した。これが現在の国会オンブズマン制度の発祥である。ombud という語は代理人を意味し，例えば訴訟代理人は rättegångsombud という（rättegång は訴訟手続の意）。オンブズマンはつまり国会の代理人なのである。いまやオンブズマン制度はさまざまな変容を示しつつ世界に普及し，ombudsman はそのまま各国語に採用されるに至っている。

1972 年に帰国した私は，成富信夫博士がつとにオンブズマン制度に深い関心を抱いてその研究にいそしみ，日弁連会長当時に「オンバッヅマン制度研究委員会」を発足させ，自らその委員長として活躍されていることを知り，拙稿「わが国における北欧法の研究（北欧法律事情）」（判例タイムズ 280 号（1972））

の中でこのことに言及し，礼儀上そのコピーを同氏にお送りした。すると同氏から直ちにお電話があり，弁護士登録後まだ日の浅い私に同委員会の委員に就任するよう強く求められた。この委員会のメンバーには後に最高裁判事になる塚本重頼，尾崎行信両氏など錚々たる方々が含まれていた。こうして私は，73年1月から75年3月同委員会が廃止されるまで副委員長としてこれに関与したのである（拙稿「成富信夫博士と日弁連オンブッヅマン制度研究委員会」『別冊オンブズマン』1号（1977）参照。同号は「成富信夫博士追悼特集」号である）。

ところで，「オンブズマン研究所」を主宰していた高岡（当時河井）継史氏と知り合ったことから，1977年に設立された「オンブズマン研究会」（事務局長高岡氏）の代表委員の1人に担がれ，他の2人の代表委員，評論家の大野明男氏，日大教授の北野弘久氏とともに同会の仕事に関わるようになった（やや奇妙な取合せだが，いずれも高岡氏との縁による）。この研究会は何回か一般向けの講演会を催すなどすこぶる活動的で，その成果を同研究所発行の『オンブズマン』『別冊オンブズマン』に掲載していた（最終号は通巻22号（1980））。残念ながら同会は80年中に事実上活動を停止し，自然消滅のかたちになってしまった。

上記の講演会の講師陣，刊行物の執筆陣はなかなか豪華で，園部逸夫最高裁判事（当時最高裁調査官），江田五月参院議員（当時も）その他の達識の方々が無料奉仕で参加してくださった。とりわけ両氏は，多忙極まる中でこの小さな民間団体にご協力を賜ったわけで，おふたりのオンブズマン制度に対するご情熱のほどに改めて心から敬意を表する次第である。

私は，『別冊オンブズマン』2号（1978）に「オンブズマン制度の序説的考察」と題する一文を寄せた。その中で私は，試論的展望として（国政レベル等における）中核的オンブズマンに対する（地方自治体レベルにおける）周辺的オンブズマンの必要性，公的オンブズマンに対する私的オンブズマンの必要性を指摘・強調した。最近の県，市など地方自治体レベルにおけるオンブズマン制度の盛行，市民オンブズマンなど民間レベルのオンブズマンの活躍を目にして20年前にやや思い付き的に述べた希望的予測が現実化していることに感無量の思い

を覚える。

　スウェーデンのオンブズマンとも面識を得る機会に恵まれた。現在EU司法裁判所判事であるハンス・ラーグネマルム（Hans Ragnemalm）博士はかつて国会オンブズマンであり，私は彼の著書を翻訳（『スウェーデン行政手続・訴訟法概説』（1995，信山社））した関係で，彼の自宅に招かれたこともある。また，首席国会オンブズマンであるクラエス・エークルンド（Claes Eklundh）氏とは，スウェーデン大使公邸で食事をともにしたりしたことがある。ラーグネマルム氏は国会オンブズマンから行政最高裁判事に転じたのだが，両氏から国会オンブズマンと行政最高裁判事との比較論に関する興味深い話も聞いた。そんなことも紹介したいのだが，すでに紙数は尽きた。別の機会に譲りたい。

2．スウェーデンの国会オンブズマン
―首席国会オンブズマン　クラエス・エークルンド氏との対話など―

はじめに

　かつて篠原一・林屋礼二編『公的オンブズマン―自治体行政への導入と活動―』（1999，信山社）に「オンブズマン随想―ある前史の回想―」という小文を書いた。私は行政法ないしオンブズマン法の専門的研究者ではないが（民事訴訟法と裁判法（司法制度論）を専攻分野にしている），オンブズマン発祥の地であるスウェーデンに留学経験があり，スウェーデン法研究の必要上いささかオンブズマン制度にも関心を抱き続けてきた。ふとした縁で「オンブズマン研究会」という民間研究団体にもその代表委員の1人として関与した。この小文はそんな経験と見聞の断片を綴ったものである。

　これを読まれた本誌〔行政苦情救済＆オンブズマン〕の編集者から，その続編（の

ようなもの）を書いて欲しいというご注文である。実は小文の末尾を，首席国会オンブズマンのクラエス・エークルンド（Claes Eklundh）氏と行政最高裁判所判事で元国会オンブズマンのハンス・ラーグネマルム（Hans Ragnemalm）博士から，「国会オンブズマンと行政最高裁判事との比較論に関する興味深い話も聞いた。そんなことも紹介したいのだが，すでに紙数は尽きた。別の機会に譲りたい。」と結んでおいた。まことに口いや文章は災いの元である。続編ではこのことを（も）書かなければなるまい。が，昔の雑談の記憶を頼りに書くだけでは無責任ではないかと思い悩んでいた。

　ところで最近奇しくも，オンブズマン研究に対する私のノスタルジアをかきたてるような出来事が相次いだのである。
　その1は，民事訴訟法の先学で，初代の宮城県県政オンブズマンを務められた林屋礼二教授が『オンブズマン制度　日本の行政と公的オンブズマン』（2002，岩波書店）という好著をものされ，そのご恵贈に与ったことである。
　その2は，あるパーティで10年ぶりに（いやそれ以上か）埼玉県新座市オンブズマンをしている旧友古賀正義弁護士（前掲『公的オンブズマン』に「オンブズマンという言葉」というエッセイを寄せている。ちなみに，彼は知る人ぞ知る法曹界屈指の大読書人）に出会ったことである。
　その3は，「オンブズマン研究会」などでお世話になった元最高裁判事園部逸夫博士（周知のとおり行政法・オンブズマン法の大家）に，あるパーティで氏の退官後初めてお会いする機会に恵まれたことである。
　両氏とは久闊を叙し，とりわけオンブズマンに関する話が弾んだ。

　そんなことから，ようやく本稿執筆の意欲が高まりつつあるうち，幸いにも神奈川大学法学研究所の「司法救済とADR」という共同研究プロジェクトの調査研究の一環としてスウェーデンへの出張が認められたので，この機会にエークルンド氏とラーグネマルム氏を訪ねてオンブズマンに関する話を伺うことにした。

エークルンド氏は10年近く前，在日スウェーデン大使館の招きで来日し，首席国会オンブズマンとして日弁連や早稲田大学などで講演を行い，私もその際彼と知り合ったのだが（しかも偶然にも講演を終えて帰国する彼とスウェーデンへ調査に出かける私とは同じSASの便で，成田空港の待合室で一緒になった），現在も首席国会オンブズマンの職にある。ラーグネマルム氏とはその著書を私が翻訳した縁で（ラーグネマルム，拙訳『スウェーデン行政手続・訴訟法概説』(1995,信山社)，かねて親交を結んでいる仲であるが，彼はストックホルム大学の行政法教授から国会オンブズマンに任命され，その後行政最高裁判事に転じ，スウェーデンのEU加盟にともないEU司法裁判所判事に選ばれ，その任期満了後行政最高裁に長官として復帰，という輝かしい経歴の持主である。

　出張は，2002年の9月中旬。17日の午前に国会オンブズマン庁にエークルンド氏を訪問して約1時間半にわたって話を伺った。続いて同日夕刻行政最高裁に赴き，長官室でラーグネマルム氏から行政最高裁に関する説明を聞いたうえ，連れ立って地下鉄に乗り2つ目の駅で下車して近くにある同氏のマンションに移り，令夫人を交えて夕食をご馳走になりながらオンブズマンを含む公私の話題について語り合った。（余談だが，(行政)最高裁長官でさえ専用車はない。各省大臣にもないそうである。氏は平常は徒歩で通勤しているとのこと。なお，エークルンド氏も前記の講演旅行の際随行者はなく独りであった。いかに小国とはいえ（国際社会におけるプレゼンスからいえば十分に大国だと思うが），こういう官の側の清廉極まる態度が，国民が税金の高さを口にしながらそれを止むを得ないものとして我慢している大きな理由だろう。わが国の政府，役所も国民に痛みを強要するだけでなく，自ら痛みを甘受し抜本的な経費節減に努めるべきである。納税者の1人として切実にそう思う。）

　この余談は，すでにオンブズマンを十全に機能させるためのインフラ，基盤ともいうべきもの（あるいはオンブズマンが良く機能している結果か。これは鶏と卵の関係かも知れない）について若干語ったことになる。以下では，両氏から伺ったことや国会オンブズマン庁で頂戴した資料などに基づき，スウェーデンの国会オンブズマン事情の一端を紹介してみたい（これまであまりわが国では知られ

ていないと思われる情報に力点をおいて)。

さまざまなオンブズマン

　最古にして最も有名なオンブズマンはいうまでもなく国会オンブズマン（riksdagens ombudsmän, JO（justitieombudsmän））である。スウェーデン語ではJOという略称で親しまれている（以下, 簡単のため原則としてJOと表記する）。これに加えて近年ではさらに五つの公的オンブズマンが設置されている。

①消費者オンブズマン（konsumentombudsmannen, KO）— 1970年（設置, 以下同じ）

②平等オンブズマン（jämställdhetsombudsmannen, jäm O）* — 1980年

③人種差別オンブズマン（ombudsmannen mot etnisk diskriminering, DO）* — 1986年

④子どもオンブズマン（barnombudsmannen, BO）— 1993年

⑤障害者オンブズマン（handikappombudsmannen, HO）* — 1994年

　*その後の法改正を経て2009年1月1日以降, ②平等オンブズマン, ③人種差別オンブズマン, ⑤障害者オンブズマンは, 性的傾向に基づく差別オンブズマン（本文では言及しなかったが, 1999年設置）とともに, これらの職務が新たな差別オンブズマン（diskrimineringsombudsmannen, DO）の職務に吸収・包摂されたことで廃止されている（差別法（2008：567）参照）。

　以上は公的機関であるが, それ以外に有名なものとしてプレス・オンブズマン（Allmänhetens pressombudsman, PO）が1969年から存在する。

　わが国では, 消費者オンブズマン, プレス・オンブズマン以外のオンブズマンはあまり知られていないようである。

　JOに対する苦情の申立ては無料であり, 唯一の要件は書面であることだけで, 特別の書式は要求されない。普通の紙に申立ての対象である公的機関・公務員, その処分・出来事などを記載したうえ, 住所・氏名（署名）を明示すれば足りる。申立人の国籍や年齢は無関係である。

市立図書館で偶然に見つけた『われわれのオンブズマン』という日刊新聞ダーゲンス・ニーヘーテル（Dagens Nyheter）の特集記事の別冊版（1995年5月）には各種のオンブズマンに対する苦情の申立ての例が載っているが，そのうち消費者オンブズマンに対する子どもからの申立てが興味を惹いたので，ここではそれを紹介しておく。

　　消費者オンブズマンさま。
　　　ぼくのママとパパは，クリスマス・プレゼントに「ラッキー・ルーケ（Lucky Luke）」のビデオを買ってくれました。
　　　カセットの下のほうに「私たちはスウェーデン語を話します」とありました。ところが，ビデオを映してみると，スウェーデン人がフランス語をしゃべっていたのです。
　　　どうぞ宜しくお願いします。
カーレ・スヴェンソン
（住所略）

　この別冊版はJOその他のオンブズマンについて平易・明快に解説したもので実に有益である（私は，エークルンド氏の趣味が読書，クラシック音楽，ヨットであることなどこの小冊子で知った）。各種オンブズマンの統合の是非に関するオンブズマンたちの意見も紹介されている。

　なお，注意すべきは，JO以外のオンブズマンは公的機関でないプレス・オンブズマンは別として，全てJOの監察対象であり，そのコントロールを受けるということである。いわばJOはオンブズマンのオンブズマンであり，まさに真の意味でオンブズマンとよばれるにふさわしい存在なのである。

オンブズマンの組織と仕事の仕方，それを支える行政文化

　オンブズマン制度の機能は結局のところオンブズマン個人の識見，力量に大きく依存するのであるが，いかに優れたオンブズマンといえども有能な補助機構の存在なくしてはその能力を十全に発揮することができないのは自明の理である。そこで国会オンブズマン庁についてその組織と仕事の仕方についてみてみよう。なお，以下の記述はスウェーデンが人口900万足らずの国であることを念頭において読まれたい。

　4人のJOはいずれも独立してその分掌する職務について権限を行使する。分掌の定めは執務細則（arbetsordning, Administrative Directives. 理解の便宜上英訳を添えた。以下同じ）でなされている。例えば，エークルンド氏の担当は，裁判所，検察庁，警察等である。

　オンブズマン庁の建物は5階建てであるが，1階が事務局，2階がエークルンド氏の執務室とその補助機構で占められている。同様に，3，4，5階はそれぞれJOの執務室とその補助機構が占拠している。つまり各階は特定のJOの部で占められ，それぞれ独立王国の観を呈しているのである。JOごとに関係記録の表紙の色が異なり（黄，白，青，赤），例えばエークルンド氏の部は黄色を用いており，「黄色部」と称されている。ちなみに，エークルンド氏は長官として行政事務にも携わっているが，その比率は全体の仕事量の約20％にすぎないとのことである。

　それぞれのJOのもとには，2人の上席調査官（byråchefer, Heads of Division）がおり，さらにそのもとに5～7人の調査官（föredragande, Case Handlers）が配置されている。これらの調査官はおおむね（行政）高等裁判所代理判事（正規の本判事に任命される直前の段階にある者）である。[1] 6年間の任期で出向しており，任期修了後は裁判官歴に復帰する（かつては判事補も調査官として執務していたが，判事補ではあまり長期間在任できないので，ワンランク上の代理判事に変えられたとのこと）。これに対して上席調査官は出向期間満了後もオンブズマン庁にとどま

ることを決定した者であり，一応裁判官歴との関係は切断される。上席調査官は調査官の執務を指導監督する。

　国会オンブズマン庁にはJOのほか，事務局の職員を含めて約50人の職員がいる。この数を多いと見るか少ないと見るかは人により異なるだろうが，わが国でスウェーデンと同様の国会オンブズマン制度を設けるとすれば，単純すぎる雑駁な計算だが人口比を考慮して少なくとも10倍の人員が必要だと仮定すると，実に40人のオンブズマン，500人の職員を要することになるわけである。（調査官だけで200人以上が必要になる。この試算の当否は別としてオンブズマンの制度設計が司法制度改革の一環としての法曹人口の大量増加という問題と密接に関連することを物語っていよう。）[2]

　JOの取扱い件数は行政最高裁の取扱い件数に優に匹敵する（「後記」に述べるような事情で手元に正確な数字を示す資料がない）。しかるにJOは僅か4人なのに，行政最高裁判事は合計18人である（もっとも，うち2人は立法顧問院顧問官として執務する。これはほぼわが国の内閣法制局の仕事に相当するといってよい─ただし重要法案に限られる）。

　もちろん両者の職務の性質の差異もあるが，JOの決定書の内容は判決に比すべき詳細なものなので，調査官らの補佐を受けるにしても行政最高裁に比べてはるかに少数のJOでやっていけるのか，という疑問が生じないではない。この点について質問したところ，エークルンド氏の答えは以下のようなものであった。

　第1に，JOは事件を取り上げるか否かに関する自由を有し，案件の中には全く取り上げるべき理由のないような簡単なものもある。第2にJOは案件の調査にあたって関係官庁，公務員から十分な協力が得られる。したがって，現在の陣容で十分だ。

　この回答の第2は，JOの批判に対する公的機関・公務員の対応の問題とともにオンブズマン制度の機能的成否を決する重要な問題であり，ことは結局一国の法文化，行政文化の在りように関わる。日本を含む多くの国々ではスウェ

ーデンと同様のオンブズマンの調査に対する行政の側からの協力はおそらく期待できないであろう（JO に対する公的機関・公務員の調査協力義務は統治組織法（憲法）の規定するところであるが，ことは規定の有無の問題ではない）。また，わが国では警察など公的機関・公務員が裁判所の判決中で厳しい批判を受けた場合でさえ，それが関係者の責任問題に連動しないどころか，当該機関の法執行に対する真摯な反省材料ともされないことが多いように思われる。スウェーデンでは JO の批判を受けた公的機関・公務員がそれを無視することなどとうてい想像できず，また社会的に許されない雰囲気が存在する。[3]

　JO は特別検察官の権限を有するが，その権限があまり行使されなくなってきた背景として，このような自発的なコンプライアンスという行政文化が定着していることを忘れてはなるまい。訴追という問題のみを捉えて，短絡的に JO の衰退を云々するのは皮相な見解であろう。もっとも，特別検察官としての JO は今も健在であり，最近の事例として，JO（エークルンド氏）はある地裁判事を定年退官後に在職中の職務上の違法行為を理由に起訴し（刑法 20 章 1 条該当），日数罰金 120 日の有罪判決を得ている。

　（この事件は司法関係者にとって興味深いと思われるので，少し補説しておく。第一審の高裁判決（管轄裁判所は地裁でなくて高裁）は上訴されたが，最高裁は原判決を維持し，2000 年 3 月 21 日確定。事案は民事事件の処理に関する。本口頭弁論を省略できる要件が存在しないのにこれを行わなかったこと，原告の申立てを超える判決を言い渡したことなどが起訴・有罪の理由である。もっとも JO は故意を主張したが，判決は一つの訴因を除き過失を認定した（有罪とされた訴因は 19）。実は，この判事はかつて私が地裁の和解実務の調査のためインタビューをして面識のある人なので，やや複雑な思いがある。）

　ここで調査官の活動についても触れておくべきであろう。調査官は案件の調査にあたって，電話での問合わせや現地への出張によって事実関係を明らかにし，かつ法律問題を検討する。JO の決定書の草案も起案する。スウェーデンにおける公法専門誌である『行政法雑誌』（Förvaltningsrättslig tidskrift, FT）には

定期的に JO の決定書が掲載されるが，その末尾には調査官の氏名も表示されている。(もっとも最近の号ではこれが省略されているが，エークルンド氏や後述するマリアンヌ氏の話では，単に編集上の都合によるものだろうとのことであった。)

　調査官としての職務の経験は裁判官ないし法律家にとって極めて有益と考えられている。その魅力に惹かれて出向期間経過後もオンブズマン庁にとどまる者が上席調査官になる。エークルンド氏とともに，インタビューの相手をしてくれた国際部長のマリアンヌ・エッシュ (Marianne von der Esch) 氏も，行政高裁代理判事として調査官を務めた後，そのまま同庁にとどまった人である。彼女は実に熱心に JO に関する説明をしてくれ，心からその仕事を楽しんでいるように見えた。

　エークルンド氏とのインタビューを終えた後，しばらく彼女と雑談をしたのだが，その中で彼女が英語で ombudsman が ombudsperson に変更されつつある傾向について批判的言及をしていたことを書いておこう。彼女によれば，オンブズマンは伝統を担った名誉あるタイトルであり，またこの場合のマンは人を表し男性を意味するわけではない，だからスウェーデン人はオンブズマンを変えようなどとは決して思わないという。女性の意見であるだけに傾聴に値しよう。

　ところで，詳しくは後述するが，JO は調査官よりもはるかに豊富な裁判官経験を有するのが通例である。JO がこのような裁判官経験者であるのは，JO の職務が裁判官のそれに近似しており，長文の決定書を自ら作成しなければならないこと (調査官らの補佐を受けるとはいえ)，JO の監察対象に警察，検察はもちろん裁判所までが含まれていることなどに由来するのであろう (ただし，裁判内容に対する不服は上訴の問題であり，JO の管轄外である)。ちなみに，JO は裁判所における事件の評議に列席する権限も有するのだが，JO は司法権の独立に配慮して自己抑制し，これまでこの権限を実際に行使したことは自分の知る限り絶無だとエークルンド氏は語っている (これに関する統治組織法の規定は廃止

すべきだと思うが，それは事実上困難とのこと）。

オンブズマン・裁判官・法学者

　もう随分昔のことだがある中堅の行政法学者から，スウェーデンには行政裁判所がないため，オンブズマンがその代替的機能を果たしているのだろう，といわれて唖然としたことがある。彼がどうしてそんな誤解をするようになったのか知らないが，俗耳に入り易い意見のようにも思える。

　しかしこれは完全な誤りである（もちろん現在そのような誤解をしている行政法学者はいないだろう―彼自身を含めて）。スウェーデンには行政地方裁判所，行政高等裁判所，行政最高裁判所という三審級の行政裁判所制度が存在する。[4] エークルンド氏は行政裁判所とJOは車の両輪であり，相互補完関係にあることを指摘・強調した。このことは当然のように思えるが，行政事件訴訟が少なくとも件数からいえばほとんど皆無に近いわが国におけるオンブズマン制度を考える場合に逸してはならない論点ではあるまいか。

　さて，JOには伝統的に裁判官―それも（行政）最高裁判事クラスの法律家―がなるのが慣行である。私の知る限り裁判官出身者以外でJOになったのは，大学教授が2人いるだけである―ラーグネマルム博士と元ルンド大学の行政法教授のルネー・ラヴィーン（Rune Lavin）博士―。弁護士からは1人もいない（他のオンブズマンにはいる）。

　この2人はいずれもJOから行政最高裁判事に転じた。だが，この事実からJOよりも行政最高裁判事が事実上一段上のポストと即断してはなるまい。かつて行政最高裁判事からJOに転ずることをひそかに希望した人もあったと聞く（この希望は叶えられなかったが。これに関連するエピソードはここで語るには不適切と思うので割愛する）。

　ラーグネマルム氏が行政最高裁判事に転出する際に，エークルンド氏はそれを止めたという。JOは単独で自由に仕事ができるが，行政最高裁に行けば合議体の一構成員になってしまう。JOの仕事のほうがやり甲斐があるのではな

いか，と。

　ところが，ラーグネマルム氏によると，まさにエークルンド氏がJOのほうがベターだとする理由が，行政最高裁に行く理由なのだ。こうである。自分は法学者として長年独りで仕事をしてきた。JOの仕事もそうだった。行政最高裁では優れた同僚たちと知的刺激に満ちた共同作業ができる。これは自分にとって全く未知の素晴らしい知的冒険である。

　ラヴィーン氏に質問をする機会は得られなかったが，おそらく同様の答えが返ってくることを期待して大きな誤りはないような気がする（私はルンド大学法学部と密接な関係があるので，教授当時の彼に同学部のパーティで会い，話をしたことはある）。

　それはそれとして，ラーグネマルム氏の選択は彼にとって結果的に大成功だったといえよう。前述したように行政最高裁判事からEU司法裁判所判事へ，さらに行政最高裁長官としてスウェーデン司法の頂点の一つに達するに至った。また，ラヴィーン氏は現在も行政最高裁判事の職にある（JO，行政最高裁判事のいずれの職とも彼はラーグネマルム氏の後を追っている）。**

　上述したラーグネマルム氏の行政最高裁判事への転出の理由はとりわけ大学教授＝法学者にとって示唆に富むと思う。わが国では現在司法制度改革作業の進展に伴い，弁護士から裁判官への任用が大きな課題になっているが，大学教授＝法学者からの任官も重要だと私は考える。この問題を考えるうえで，ラーグネマルム氏の言葉は再思三考に値するのではあるまいか。

　　**ラヴィーン氏はその後ラーグネマルム氏の後任の行政最高裁判所長官に就任した（現在はすでに定年退官）。ちなみに，2011年1月1日から行政最高裁判所の名称はRegeringsrätten（直訳すれば政府裁判所）からHögsta förvaltningsdomstolen（直訳すれば最高の行政裁判所）に変更される。これに伴い行政最高裁判所判事（regeringsråd）の官職名は最高裁判所判事と同一のjustitieråd に変わる。（法律2010：1398による。）

結びに代えて

　30年前ある決心をして15年間の裁判官生活に別れを告げ，退職金をはたいてスウェーデンに留学した当初は，不思議の国のアリスのような気分を味わう日々であった。しかし，スウェーデンのユニークな行政(法)文化を日本の行政をめぐる現実と比較対照するとき，今もなお全く同様の想念が湧いてくるのを禁じえない。

　真偽の程は知らないが，ソ連邦最後の大統領ゴルバチョフは新生ロシアの目指すモデル国としてスウェーデンを考えていたといわれる。福祉国家とは一種の強大な行政国家であり，共産主義国家はある意味では最高の福祉国家なのであるから，彼の意図は良く分かる気がする。

　福祉国家を権力の濫用・腐敗とそれに起因する財政破綻から救うためには徹底した法の支配が必要であり，これを保障する装置が整備されていなければならない。その一つがまさに国会オンブズマンなのである。ここに高度福祉国家スウェーデンを共産圏諸国と異なり国家財政の破産宣告から免れさせてきた秘密の鍵（の一つ）がある，と法律家の私はやや我田引水と思われるかも知れないが確信している。

　是非は別としてそれぞれの国は特有の行政文化を有する。スウェーデンの最大の輸出品といわれるオンブズマン制度も輸入先の国情，行政文化に応じて変容を蒙るのは当然の事理といえよう。いみじくも本誌のタイトルは「行政苦情救済＆オンブズマン」である。行政相談委員諸氏はその名にふさわしい職責を真摯に果たされているのであろう。[5]

　以上の雑駁な文章がスウェーデンのオンブズマン制度のより良き理解，さらにはわが国の行政相談委員制度の今後の在り方を考えるために多少なりとも役立つことができれば望外の幸せである。そう願いつつ擱筆する。

後記

　11月も半ばになり同月末日という原稿締切りの期限も迫ってきたので，執筆を始めようと今回の出張で集めた文献資料の包みを開いたところ，どうしたわけか大事なメモ帖の一冊が見当たらない。生来整理整頓が苦手で，どこかに紛れ込んでいるのだろうが，目下の執筆には役立たない。それで，雑感風の書き流しの文章で責めをふさぐことにした。本誌のバックナンバーを拝見すると，諸先生の本格的な力作が多く，私などがそれに伍して論文めいたものを書くのはとうてい無理である。結果的にはかえってこのほうが良かったのではないかと愚考する。

【注】
（1）スウェーデンの裁判官歴とくに（行政）高裁代理判事については，拙著『スウェーデンの司法』（1986，弘文堂）157頁以下など参照。
（2）拙著『法の支配と司法制度改革』（2002，商事法務）の随所において法の支配と法曹人口論の関係に言及している。ご参考願えれば幸いである。
（3）吉武真理氏は「オンブズマンの意見を無視するということは，イコール国民の意思を無視するということ。」「これは北欧では絶対許されないこと」だと簡潔・明瞭に指摘する（吉武『入門北欧のオンブズマン—民主主義国家という身体に流れる血液—』（2000，ビネバル出版）7-8頁）。この本は小冊子だが，北欧諸国のオンブズマンに関する最近の情報を伝える。
（4）スウェーデンの行政訴訟手続については，ラーグネマルム，拙訳・前掲『スウェーデン行政手続・訴訟法概説』参照。
（5）ただし，「日本型オンブズマン」に対する批判として，吉武・前掲書37-39頁，林屋・前掲『オンブズマン制度』220-223頁参照。

3. 拙編著『スウェーデン法律用語辞典』(2007，中央大学出版部) における記述の修正・補充について

辞典の項目	本書の関係個所
allmänt ombud	163-164 頁第 1 条の**
bodelning	197 頁表題の*
expeditionsavgift	180 頁第 19 条の*
länsrätt	106 頁第 14 条以下の見出しの*
regeringråd	223 頁の**
Regeringsrätten	同所
remiss	148-149 頁第 13 条の見出しの*
sakägare	49 頁第 2 条の*

初出一覧

第1 「[翻訳] スウェーデンの集団訴訟法」『神奈川法学』42巻1号（2009）
　　　環境法における集団訴訟に関する規定　本書が初出
第2 「[翻訳] スウェーデンの過料法および裁判所案件法」同誌41巻2・3合併号（2008）
第3 「[翻訳] スウェーデンの送達法」同誌42巻3号（2009）
第4 「[翻訳] スウェーデンの仲裁法」　最新改訳版としては本書が初出
第5 「[翻訳] スウェーデンの行政訴訟・行政手続関係諸法」同誌42巻2号（2009）
第6 「[翻訳]スウェーデンの法律扶助関係諸法」『判例タイムズ』1316号（2010）
附録
「オンブズマン随想―ある前史の回想―」篠原一・林屋礼二編『公的オンブズマン―自治体行政への導入と活動―』（1999，信山社）
「スウェーデンの国会オンブズマン―首席国会オンブズマン　クラエス・エークルンド氏との対話など―」『行政苦情救済＆オンブズマン』Vol. 8（2003）

跋

　80 歳を目前にしてなんとか本書を刊行する運びとなった。早世の家系（父は50 代の半ばで没した）に生まれながら，予想外の長寿に恵まれ，ささやかな仕事の成果を世に問うことができる幸せを痛感する。

　思えば，本書の執筆中には老化に伴うさまざまな出来事に見舞われた（その一端は第 5 の後記に記している）。2009 年には世界的に新型インフルエンザの大流行が懸念され，マスコミ報道は，秋には国民の半数近くが罹患するのではないかとまで伝えた。気管支拡張症という持病を抱える私は罹患しやすく，ひいて肺炎を発症するおそれが大なので，とくに第 5 の原稿については推敲未了で一応完成原稿の体裁にしたものを教え子の 1 人に託し，場合によってはこれをそのまま『神奈川法学』誌上に掲載してもらえるよう配慮して欲しいと頼んでおいたのである。今となっては笑い話に聞こえるかも知れないが，当時の私としてはかなり思い詰めた行動だったわけである。

　最近，上野千鶴子『男おひとりさま道』(2009，法研) という本を読んでいて次のような文章に接した。「わたし自身は『学問は自分がすっきりしたいだけの，死ぬまでの極道』と考えていて，年齢に関係のないヒマつぶしのノウハウをもっていてよかった，と心から思っている。』(216 頁) そのとおりだと思う。*こんな道楽の実現を可能にしてくれた初出誌ならびに本書の刊行者の中央大学出版部に深甚なる謝意を表する。そうして，この私自身の道楽の所産が日本の法・司法のためにもほんの少しでも役立つことができれば，それは私にとって望外の幸せである。ところで，今年は柳田国男の『遠野物語』の刊行後 100 年を記念してさまざまなイベントが行われているが，この本は当初僅か 350 部自費出版されたのだという。鎌田東二教授は「大量出版物が世の中を変えるわけではないことの見本のような話である。」と書いている（同「一九一〇年と柳田国男」神奈川大学評論 66 号 (2010) 所収）。そのひそみに倣うというような不遜極まる気持ちは毛頭ないにせよ，これは今このささやかな出版物を世に送り出す

私にとってもいささかの慰藉を与えてくれる話である。

　実は，本書は一本として比較的分量も少ないので，附録に多少まとまったスウェーデン法入門のようなものを付するかどうか迷っていた。というのは，前著『[翻訳]スウェーデン訴訟手続法』の跋の記述に関連して畏敬する知己の五十嵐清博士（民法・比較法，北海道大学名誉教授）から，まだまだスウェーデン法研究から足を洗うことなく，是非ともスウェーデン法の入門書を書くべきだという指示ないし激励を頂戴していたからである。しかし現在の私に本格的なスウェーデン法入門を書く力はないし，ごく簡単なスウェーデン法案内のたぐいとしては『スウェーデン法律用語辞典』に「スウェーデン法 ABC」を載せているので，これと同工異曲のものを書いても仕方ないと悩んでいたのである。
　ところが，今年になって『法学教室』に公告尚史教授による「スウェーデン法への誘い (1) ないし (3)」という優れた論考が発表された (355-357 号)。これはわが国におけるスウェーデン法研究の全体的相貌を広範な学殖に基づき紹介するもので，私自身のことにも言及されている（過褒にわたる箇所も散見するが）。近い将来本格的なスウェーデン法入門書が同氏やこの論考に列挙されている新進の研究者たちによって著されることが十分に期待されうる。五十嵐氏もきっとそう考えてくださるはずである。
　上記跋文では誤解を招くような表現をしたかも知れないが，私自身今後ともスウェーデン法の勉強と絶縁するつもりは毛頭ない（少々気障な表現だが私とスウェーデン法とは運命の糸で結ばれたような仲だと思うから，そうしたくともできないだろう）。しかし，これからは自分の本来の専門領域の裁判法における緊急かつ重大なテーマである司法制度改革の諸問題に主として取り組みたいと思う。スウェーデン法三部作の仕事は迂遠なようにみえるけれど，わが国の司法制度改革について考えるための準備作業，基礎作業として役立ちうることを私自身は確信しているのである。

　最後に，頃日刊行された坂田仁「スウェーデン裁判官規則について―裁判官

規則の印刷―」(慶應義塾大学『法学研究』83 巻 4 号 (2010)) のことに言及しておきたい。坂田博士は長年スウェーデンの刑事法・刑事学の研究に没頭してきた篤学の士で，あわせてかねて Sveriges Rikes Lag の冒頭部に掲載されている裁判官規則[**]に深い関心を寄せ，すでにその全訳という難事を遂行しているが，このたび同規則を最初に印刷 (1616 年という) したエリクス・シュロデールスに関連する貴重な論考をものされた。その内容はスウェーデン法の学習・研究にとってすこぶる有益と信ずる。あえてここに特記させていただくゆえんである。

　もう一つ最後に，校正中に接した「世界正義プロジェクト (the World Justice Project)」の「法の支配指数 (the Rule of Law Index)」によるスウェーデンの評価について一言して冗長にすぎる跋を終わることにしよう。この調査によれば，スウェーデンは九つの調査カテゴリーの中の五つ―制限された政府権力，腐敗の不存在，透明な政府など―についてトップに位置するという。[***]この報道は本書とくに「第 5 行政訴訟・行政手続関係諸法」の仕事に残り火の情熱を注いできた私にとって嬉しい限りである。

　　[*]梅棹忠夫博士はつとに「学問とは最高の道楽である」と言われている (語り手 梅棹忠夫，聞き手 小山修三『梅棹忠夫 語る』(2010，日本経済新聞出版社) 第六章)。
　　[**]『スウェーデン法律用語辞典』の domarreglerna の項を参照。
　　[***] "Sweden, Netherlands top global government effectiveness list", *The Japan Times*, Oct. 15, 2010, at 5.

2010 年 12 月上旬

萩原　金美（はぎわらかねよし）

1931年群馬県高崎市生まれ。1951年司法試験合格，1953年中央大学法学部卒業。九州大学法学博士，スウェーデン・ルンド大学名誉法学博士。裁判官生活15年の後，1969年からスウェーデン等に留学。1972年帰国して弁護士登録（第二東京弁護士会）。1976年神奈川大学法学部教授，民事訴訟法・裁判法担当。2001年定年，2004年まで特任教授。同年神奈川大学名誉教授。
著作：『スウェーデンの司法』（1986，弘文堂），『民事司法・訴訟の現在課題』（2000，判例タイムズ社），『訴訟における主張・証明の法理』（2002，信山社），『裁判法の考え方』（1994，信山社），『続・裁判法の考え方』（2000，判例タイムズ社）『法の支配と司法制度改革』（2002，商事法務），（翻訳）ハンス・ラーグネマルム『スウェーデン行政手続・訴訟法概説』（1995，信山社），『スウェーデン訴訟手続法─民事訴訟法・刑事訴訟法─』（2009，中央大学出版部），その他。

［翻訳］スウェーデン手続諸法集成
　　─集団訴訟法・仲裁法・行政訴訟法・法律扶助法等─

2011年3月23日　初版第1刷発行

編著者　萩　原　金　美
発行者　玉　造　竹　彦

発行所　中　央　大　学　出　版　部
東京都八王子市東中野742番地1
郵便番号　192-0393
電　話 042(674)2351　FAX 042(674)2354

Ⓒ 2011　Kaneyoshi HAGIWARA

印刷・平河工業社

ISBN 978-4-8057-0727-2